CONTENTS

Title Page

Copyright

Dedication

PREÁMBULO

Prologo

Introducción

ÍNDICE 1

1- La Revolución Tecnológica en la Banca: Un Nuevo Mundo de Oportunidades 3

2 - La Digitalización de la Banca: ¿Cómo Han Cambiado los Servicios Financieros? 8

3 - La Banca Móvil: Cómo los Bancos Están Llegando a los Consumidores en Cualquier Lugar y en Cualqu 17

4 - Las Fintech y la Disrupción Bancaria: ¿Cómo Están Cambiando el Panorama Financiero? 29

5 - La Inteligencia Artificial en la Banca: Cómo los Bancos Están Utilizando la IA para Ofrecer Serv 40

6 - La Blockchain y la Banca: ¿Cómo Están Transformando las Finanzas las Tecnologías de Contabilidad 49

7 - La Seguridad y la Privacidad en la Banca: Cómo Proteger los Datos de los Clientes en la Era Digi 63

8 - La Banca del Futuro: ¿Cómo Será la Industria Bancaria 78

en los Próximos Años?
9 - La Transformación Digital en los Bancos Tradicionales: Cómo Adaptarse y Competir con las Fintech 89
10 - La Educación Financiera en la Era Digital: ¿Cómo Pueden los Consumidores Sacar el Máximo Provec 114
11 - La Responsabilidad Social en la Banca del Futuro 130
Epilogo 139
About The Author 143
REFERENCIAS 145

CÓMO LA TECNOLOGÍA ESTÁ REVOLUCIONANDO LA INDUSTRIA FINANCIERA

EL FUTURO DE LA BANCA

DIEGO SAN ESTEBAN

EL FUTURO DE LA BANCA

Cómo la tecnología está revolucionando la Industria Financiera

Diego San Esteban

ISBN-978-987-88-9174-3

A mi esposa, que es mi compañera de vida, mi mejor amiga y mi mayor apoyo. Gracias por tu amor, tu paciencia y tu comprensión.

A mi hija, que es mi luz, mi alegría y mi orgullo. Gracias por tu ternura, tu curiosidad y tu entusiasmo.

A Dios, que me ha dado la vida, la fe y la esperanza. Gracias por tu gracia, tu guía y tu protección.

A mi familia, que siempre me ha apoyado en mis sueños y proyectos, y que me ha enseñado el valor del esfuerzo, la perseverancia y la pasión.

A mis afectos, que me han acompañado en las alegrías y las dificultades, y que me han brindado su cariño, su confianza y su consejo.

A mis amistades, que me han enriquecido con sus experiencias, sus conocimientos y sus puntos de vista, y que me han hecho reír, reflexionar y crecer.

A todos aquellos que me han inspirado, motivado y desafiado en el camino de la vida, y que me han ayudado a descubrir y desarrollar mi potencial. Este libro es un homenaje a todos ustedes .

Gracias por formar parte de mi historia.

PREÁMBULO

El mundo financiero ha estado experimentando una transformación significativa en los últimos años debido a la rápida evolución de la tecnología. La banca, como la conocemos, se ha visto impactada por la aparición de nuevas soluciones tecnológicas, la irrupción de las fintech y el creciente uso de la inteligencia artificial y la blockchain. En este contexto, es importante entender cómo estos cambios están transformando la industria bancaria y cómo los consumidores pueden aprovechar al máximo las nuevas oportunidades que se presentan.

Este libro, titulado "El futuro de la BANCA", ofrece una visión amplia y profunda sobre los cambios que están sucediendo en la industria bancaria. A lo largo de sus diez capítulos, el libro explora cómo la digitalización, la banca móvil, las fintech, la inteligencia artificial, la blockchain y la educación financiera están transformando la industria financiera.

En este libro, los lectores encontrarán información útil y detallada sobre cómo las nuevas tecnologías están impactando la banca y cómo pueden aprovechar las nuevas oportunidades que surgen. Además, el libro también ofrece información sobre la seguridad y la privacidad en la banca en línea y cómo los consumidores pueden proteger sus datos personales.

Este libro es una guía valiosa para aquellos interesados en comprender la revolución tecnológica en la banca y cómo pueden sacar el máximo provecho de las nuevas tecnologías financieras.

Diego San Esteban

PROLOGO

por Martin Vivas

Estamos presenciando un cambio de era, somos actores y testigos de un avance tecnológico nunca antes visto. Con la velocidad del cambio, en este proceso transformador, que abruma a muchos y trasmite esperanzas a los mas intrépidos. Se mezclan teorías apocalípticas con oportunidades únicas de escala, alcance e inclusion.

Quizá este proceso cuente con los mismos elementos que han traído otros cambios: crisis social, cuestionamiento de los modelos de gobierno, la suma de años de progreso científico - tecnológico, o la extension de conflictos armados, o tensiones del estilo de la guerra fría hasta amenazas de una guerra global. Condimentos todos, de los acontecimientos históricos importantes que tuvieron lugar en cada cambio trascendente para la humanidad. En estos contextos, la tecnología fue una herramienta, como otras que marcaron un antes y un después en la economía de todo el mundo.

Pero con el advenimiento de la inteligencia artificial, la tecnología toma entidad, ahora la vemos como "la cosa en si" es algo en si misma, que nos deja fuera de esta ecuación, quizás contra lo que sera difícil competir. Esta ventaja es exponencial. Quien logre dominarla primero lograra destacar del resto, de forma en la que sera difícil competirle.

En este contexto, la innovación, deja de ser trivial y abandona ese espacio del "que bueno seria, si..." para ser trascendental. Sin innovación, sin cultura que la sustente, y sin espacios de mejora y flexibilidad en nuestra organización, no hay para ella un futuro posible. Pero la humanidad, es justo lo que podemos aportarle a esta herramienta. El sentido común, el don de gente, y la creación de experiencias serán el motor de esta nueva era de la tecnología.

El cliente no compara a tu banco con el banco de al lado, lo compara con Netflix, con apple, con airbnb... entenderlo es todo.

Diego San Esteban es el indicado, porque desde sus años de experiencia en el sector, siempre esta parado viendo el mañana, es quien hoy se toma el trabajo de crear las cartas de navegación, que nos llevaran al futuro, sin naufragar, apuntando al destino correcto. Diego hace hincapié en los riesgos, las advertencias son claras, pero las soluciones también están a la mano. El mundo financiero va a cambiar, ya empezó... y si lo seguís, sabes que el lo esta diciendo hace rato.

Porque digo que es el indicado? porque no lo ha dejado en palabras, a sus dichos le siguen acciones consecuentes, no es un pronosticador de esos que igual aunque dijeron soleado, salen con paraguas. Sino un hacedor, de los que están atentos a las oportunidades, y tienen el coraje de avanzar.

Su libro, es la guía correcta para entender el contexto, detectar las oportunidades y los riesgos, y comenzar a trazar las lineas para el futuro de tu compañía. Si trabajas en el sector financiero, es un libro que necesitas. Pero si ademas sos un líder, deberías leerlo y dejarlo a mano, como una guía de los próximos años.

Fundamentalmente porque el futuro ya esta aquí, el futuro es hoy. Y la inteligencia Artificial, el blockchain y la experiencia de usuario, son los nuevos espacios... esto recién comienza.

Martin Vivas
Corporate Venture Capital senior consultant
Mentor @ Google for Startups Accelerator

INTRODUCCIÓN

En la última década, la revolución tecnológica ha tenido un impacto significativo en la industria bancaria y financiera en todo el mundo. La digitalización ha transformado la forma en que los bancos ofrecen servicios financieros a sus clientes, y ha dado lugar a la aparición de nuevas empresas fintech que han alterado el panorama financiero.

En este contexto, el libro **"El futuro de la banca"** proporciona una visión completa y detallada de los cambios que están ocurriendo en la banca y las finanzas debido a la tecnología y cómo esto está afectando a los consumidores, los bancos y a la industria en su conjunto.

Este libro está dividido en diez capítulos que cubren diferentes temas, desde la digitalización de los servicios financieros y la banca móvil, hasta la inteligencia artificial, la blockchain, la seguridad y la privacidad en la banca y la educación financiera en la era digital. Cada capítulo proporciona una visión general de los conceptos clave, las tendencias actuales y las oportunidades que existen en cada área.

El primer capítulo, "La Revolución Tecnológica en la Banca: Un Nuevo Mundo de Oportunidades", establece el contexto de la transformación digital y describe cómo los avances tecnológicos están dando lugar a nuevas oportunidades para los bancos y los consumidores.

El segundo capítulo, "La Digitalización de la Banca: ¿Cómo Han Cambiado los Servicios Financieros?", explora cómo la digitalización ha cambiado la forma en que los bancos ofrecen servicios a sus clientes, incluyendo la banca en línea, la banca móvil y los pagos digitales.

El tercer capítulo, "La Banca Móvil: Cómo los Bancos Están Llegando a los Consumidores en Cualquier Lugar y en Cualquier Momento", se centra en la importancia de la banca móvil en la era digital y cómo los bancos están utilizando la tecnología móvil para ofrecer servicios más convenientes y personalizados.

El cuarto capítulo, "Las Fintech y la Disrupción Bancaria: ¿Cómo Están Cambiando el Panorama Financiero?", describe cómo las empresas fintech están desafiando a los bancos tradicionales y cambiando la forma en que se prestan los servicios financieros.

El quinto capítulo, "La Inteligencia Artificial en la Banca: Cómo los Bancos Están Utilizando la IA para Ofrecer Servicios Personalizados", analiza cómo la inteligencia artificial se está utilizando en la banca y las finanzas para mejorar la eficiencia y personalizar la experiencia del cliente.

El sexto capítulo, "La Blockchain y la Banca: ¿Cómo Están Transformando las Finanzas las Tecnologías de Contabilidad Distribuida?", se enfoca en la tecnología blockchain y cómo está transformando la banca y las finanzas al permitir transacciones seguras y sin intermediarios.

El séptimo capítulo, "La Seguridad y la Privacidad en la Banca: Cómo Proteger los Datos de los Clientes en la Era Digital", examina los desafíos de la seguridad y la privacidad en la banca digital y cómo los bancos están abordando estos problemas.

El octavo capítulo, "La Banca del Futuro: ¿Cómo Será la Industria Bancaria en los Próximos Años?", proporciona

una visión detallada de cómo se prevé que la industria bancaria evolucione en los próximos años. El capítulo explora las tendencias emergentes en la banca, como la expansión de los servicios bancarios móviles, la adopción de nuevas tecnologías, como la inteligencia artificial y la blockchain, y la creciente competencia entre los bancos tradicionales y las fintech.

El capítulo nueve, "La Transformación Digital en los Bancos Tradicionales: Cómo Adaptarse y Competir con las Fintech", se enfoca en cómo los bancos tradicionales pueden mantenerse relevantes en la era digital. El capítulo discute los desafíos que enfrentan los bancos al adoptar nuevas tecnologías y estrategias para adaptarse a un panorama financiero cambiante.

Finalmente, el capítulo diez, "La Educación Financiera en la Era Digital: ¿Cómo Pueden los Consumidores Sacar el Máximo Provecho de las Nuevas Tecnologías Financieras?", brinda herramientas prácticas y consejos para los consumidores que desean aprovechar al máximo las tecnologías financieras. El capítulo se enfoca en la importancia de la educación financiera y cómo los consumidores pueden adquirir las habilidades necesarias para tomar decisiones financieras informadas y responsables.

"El futuro de la banca" es una guía completa para el panorama financiero en constante evolución. Desde la digitalización de la banca hasta las tendencias emergentes en fintech, inteligencia artificial, blockchain y más, este libro es una lectura obligada para cualquier persona interesada en la tecnología y su impacto en el mundo financiero.

ÍNDICE

El futuro de la banca

Prólogo

Preámbulo

Introducción

La Revolución Tecnológica en la Banca: Un Nuevo Mundo de Oportunidades

La Digitalización de la Banca: ¿Cómo Han Cambiado los Servicios Financieros?

La Banca Móvil: Cómo los Bancos Están Llegando a los Consumidores en Cualquier Lugar y en Cualquier Momento

Las Fintech y la Disrupción Bancaria: ¿Cómo Están Cambiando el Panorama Financiero?

La Inteligencia Artificial en la Banca: Cómo los Bancos Están Utilizando la IA para Ofrecer Servicios Personalizados

La Blockchain y la Banca: ¿Cómo Están Transformando las Finanzas las Tecnologías de Contabilidad Distribuida?

La Seguridad y la Privacidad en la Banca: Cómo Proteger los Datos de los Clientes en la Era Digital

La Banca del Futuro: ¿Cómo Será la Industria Bancaria en los Próximos Años?

La Transformación Digital en los Bancos Tradicionales: Cómo Adaptarse y Competir con las Fintech

La Educación Financiera en la Era Digital: ¿Cómo Pueden los Consumidores Sacar el Máximo Provecho de las Nuevas Tecnologías Financieras?

La Responsabilidad Social en la Banca del Futuro

Epilogo

Sobre el autor

1- LA REVOLUCIÓN TECNOLÓGICA EN LA BANCA: UN NUEVO MUNDO DE OPORTUNIDADES

Bienvenidos al mundo de la banca y la tecnología! Soy un consultor con mas de 30 años en la industria financiera y tecnológica, y hoy quiero hablarles sobre la revolución tecnológica que está transformando la forma en que hacemos negocios.

La banca ha sido una de las industrias más importantes en el mundo durante siglos. Sin embargo, en los últimos años, la tecnología ha comenzado a transformar la forma en que la banca funciona. La digitalización, la inteligencia artificial, la blockchain y otras tecnologías están cambiando la forma en que las personas interactúan con sus finanzas y cómo los bancos ofrecen sus servicios.

Esta transformación no solo está cambiando la forma en que los bancos operan, sino también cómo los consumidores interactúan con sus finanzas.

Con la adopción de tecnologías como la inteligencia artificial, los bancos pueden ofrecer servicios financieros personalizados y recomendaciones basadas en el historial de transacciones de un cliente. Esto significa que los consumidores pueden mejorar su gestión financiera y tomar mejores decisiones en cuanto a sus finanzas personales.

La banca móvil también ha revolucionado la forma en que los consumidores interactúan con sus bancos. Ahora es posible acceder a cuentas bancarias, realizar transacciones y pagar facturas en cualquier momento y en cualquier lugar. Esto ha hecho que la banca sea más conveniente y accesible que nunca.

Pero la tecnología no solo está transformando la forma en que los bancos ofrecen servicios, también está cambiando el panorama competitivo. Las fintech están emergiendo como una fuerza disruptiva en la industria financiera, ofreciendo servicios financieros innovadores que compiten directamente con los bancos tradicionales.

Estas empresas, que se especializan en áreas como pagos móviles, préstamos P2P y asesoramiento financiero automatizado, están ganando popularidad rápidamente, especialmente entre la generación millennial.

Las fintech están cambiando la forma en que los consumidores interactúan con sus finanzas y cómo piensan sobre el dinero. En lugar de ver a los bancos tradicionales como la única opción, las personas ahora están abiertas a trabajar con empresas financieras nuevas e innovadoras.

Por supuesto, como con cualquier cambio importante, hay desafíos que enfrentar. Los bancos tradicionales tienen que adaptarse a la tecnología para mantenerse competitivos, y las fintech tienen que superar los obstáculos regulatorios y de financiamiento para establecerse como jugadores importantes en la industria financiera.

Sin embargo, a pesar de estos desafíos, creo que la revolución tecnológica en la banca presenta una oportunidad emocionante para todos los involucrados. Los bancos tradicionales y las fintech tienen la oportunidad de trabajar juntos y aprovechar la tecnología para ofrecer servicios financieros innovadores y personalizados a sus clientes. Además, los consumidores pueden aprovechar las nuevas tecnologías para mejorar su gestión financiera y tomar mejores decisiones en cuanto a sus finanzas personales.

Claramente, la tecnología está transformando la industria bancaria. Estamos en un momento emocionante de la historia, donde la banca y la tecnología están convergiendo para ofrecer servicios financieros más accesibles, personalizados e innovadores. En los siguientes capítulos de este libro, exploraremos en detalle cómo la tecnología está transformando la industria bancaria. Veremos cómo la inteligencia artificial está permitiendo a los bancos ofrecer servicios personalizados en tiempo real, cómo la tecnología blockchain está revolucionando los pagos internacionales y cómo las plataformas de fintech están transformando la forma en que las personas acceden a los servicios financieros.

Pero antes de profundizar en estos temas, es importante entender por qué la tecnología se ha vuelto tan importante para la industria bancaria. La respuesta es simple: ***la tecnología está impulsando un cambio radical en la forma en que las personas interactúan con el dinero.***

En el pasado, los bancos eran el centro de la vida financiera de las personas. Eran el lugar donde las personas depositaban su dinero, obtenían préstamos y realizaban transacciones. Pero con la llegada de la tecnología, todo eso ha cambiado.

Hoy en día, las personas tienen acceso a una amplia gama de servicios financieros en línea. Pueden abrir una cuenta bancaria en línea, solicitar préstamos en línea y realizar transacciones en línea. De hecho, muchas personas prefieren realizar sus transacciones en línea en lugar de ir a una sucursal bancaria.

Pero eso no es todo. La tecnología también ha hecho posible el surgimiento de nuevos actores en la industria financiera. Las fintech, por ejemplo, son empresas que utilizan la tecnología para ofrecer servicios financieros innovadores y asequibles.

Esto ha creado un nuevo panorama competitivo en la industria bancaria. Los bancos tradicionales ya no tienen el monopolio de los servicios financieros. Ahora tienen que competir con las fintech y otros actores emergentes que están utilizando la tecnología para ofrecer servicios financieros más rápidos, más eficientes y más personalizados.

Sin dudas, la tecnología está cambiando la forma en que las personas interactúan con el dinero y está transformando la industria bancaria.

En los siguientes capítulos de este libro, exploraremos en detalle cómo la tecnología está transformando la industria bancaria y cómo los bancos pueden aprovechar esta oportunidad para ofrecer mejores servicios a sus clientes.

2 - LA DIGITALIZACIÓN DE LA BANCA: ¿CÓMO HAN CAMBIADO LOS SERVICIOS FINANCIEROS?

La digitalización de la banca ha sido uno de los mayores cambios en la industria financiera en los últimos años. Con el creciente uso de la tecnología y los dispositivos móviles, los bancos han tenido que adaptarse y ofrecer servicios financieros más accesibles y personalizados a sus clientes.

Una de las mayores ventajas de la digitalización es la posibilidad de acceder a los servicios bancarios desde cualquier lugar y en cualquier momento. La mayoría de los bancos ahora ofrecen aplicaciones móviles que permiten a los clientes realizar transacciones, verificar saldos y hacer pagos de manera fácil y rápida. Por ejemplo, aplicaciones como Venmo y Cash App en los Estados Unidos, o Mercado Pago en Latinoamérica, permiten a los usuarios enviar y recibir dinero en línea de forma instantánea, lo que ha cambiado la forma en que las personas manejan su dinero.

Además, la digitalización ha permitido una mayor personalización en los servicios financieros. Con la recopilación de datos de los usuarios, los bancos pueden ofrecer productos y servicios más específicos a cada cliente.

Por ejemplo, una persona que compra en línea regularmente podría recibir una tarjeta de crédito con mejores beneficios en compras en línea, mientras que alguien que viaja con frecuencia podría recibir una tarjeta de crédito con mejores beneficios en vuelos y hoteles.

La digitalización también ha permitido la creación de nuevos productos y servicios financieros. Por ejemplo, los bancos ahora pueden ofrecer préstamos y financiamiento en línea de manera rápida y sencilla. Empresas como Lending Club y Kabbage han aprovechado la tecnología para crear plataformas en línea que permiten a las pequeñas empresas solicitar y obtener préstamos en minutos en lugar de semanas.

Sin embargo, la digitalización también ha planteado nuevos desafíos para la industria bancaria, como la seguridad de los datos y la privacidad de los usuarios. Con la recopilación y almacenamiento de grandes cantidades de datos personales, la protección de la información de los clientes se ha convertido en una prioridad para los bancos y reguladores financieros.

Claramente es un desafío y la digitalización de la banca ha cambiado la forma en que los clientes acceden y utilizan los servicios financieros. Los bancos han tenido que adaptarse y ofrecer servicios más accesibles y personalizados para mantenerse al día con las necesidades de sus clientes. La digitalización también ha permitido la creación de nuevos productos y servicios financieros, lo que ha llevado a una mayor competencia en la industria. Sin embargo, los bancos también deben abordar los nuevos desafíos que la digitalización ha planteado, como la seguridad de los datos y la privacidad de los usuarios.

En este capítulo, estamos explorando cómo la digitalización ha cambiado radicalmente la industria bancaria, transformando la forma en que se ofrecen los servicios financieros y cómo los clientes interactúan con ellos.

Desde la aparición de la banca en línea hasta el auge de las aplicaciones móviles, la digitalización ha permitido a los bancos ofrecer servicios financieros más convenientes y personalizados que nunca antes. Con solo unos pocos clics, los clientes pueden realizar transacciones, consultar sus saldos y gestionar sus finanzas desde cualquier lugar del mundo.

Además, la digitalización también ha permitido a los bancos, mas allá de lo enumerado como preocupaciones, mejorar la seguridad de sus servicios financieros. Los avances en tecnología de autenticación, como el reconocimiento facial y las huellas dactilares, han hecho que sea más difícil para los estafadores acceder a las cuentas de los clientes.

La digitalización también ha permitido a los bancos personalizar sus servicios financieros para satisfacer las necesidades individuales de los clientes. A través de herramientas de análisis de datos y algoritmos, los bancos pueden ofrecer recomendaciones personalizadas de productos financieros y servicios, lo que permite a los clientes tomar decisiones financieras más informadas.

Por ejemplo, algunos bancos utilizan inteligencia artificial para analizar los patrones de gastos de los clientes y ofrecer recomendaciones personalizadas sobre cómo pueden ahorrar dinero. Otros bancos ofrecen servicios de gestión de carteras automatizadas que ajustan automáticamente las inversiones de los clientes en función de sus objetivos financieros y su perfil de inversión.

La digitalización también ha dado lugar a la aparición de nuevas formas de servicios financieros, como las criptomonedas y las plataformas de crowdfunding. Las criptomonedas, como el Bitcoin, ofrecen una forma alternativa de almacenar valor y realizar transacciones, sin necesidad de un intermediario financiero tradicional. Las plataformas de crowdfunding permiten a los inversores financiar proyectos empresariales a través de pequeñas contribuciones.

La digitalización ha transformado radicalmente la industria bancaria, permitiendo a los bancos ofrecer servicios financieros más accesibles, personalizados e innovadores que nunca antes. Al mismo tiempo, ha mejorado la seguridad de los servicios financieros y ha dado lugar a nuevas formas de servicios financieros que anteriormente eran impensables.

Los bancos están trabajando arduamente para digitalizar todos sus procesos, desde la apertura de cuentas hasta la gestión de préstamos y la emisión de tarjetas de crédito. Esta digitalización permite a los clientes acceder a los servicios financieros desde la comodidad de sus hogares, a través de una variedad de dispositivos, como computadoras portátiles, tabletas y teléfonos inteligentes.

Como vimos, los bancos están utilizando tecnologías avanzadas, como inteligencia artificial y aprendizaje automático, para brindar servicios más personalizados a sus clientes. Por ejemplo, algunos bancos utilizan la inteligencia artificial para analizar los patrones de gasto de sus clientes y ofrecerles productos y servicios financieros que se adapten a sus necesidades y preferencias, mas allá de ayudarlos a ahorrar. Esto les permite crear nuevas e interesantes líneas de negocio que se acercan a los micro momentos de felicidad que el cliente siempre ve con buenos ojos si los recibe.

La digitalización de la banca también ha llevado a la aparición de nuevas formas de pago, como los pagos móviles y las criptomonedas. Las aplicaciones de pago móvil, como Apple Pay y Google Wallet, permiten a los clientes realizar pagos en tiendas físicas y en línea utilizando sus dispositivos móviles. Las criptomonedas, como Bitcoin, están cambiando la forma en que se realizan las transacciones financieras al permitir transferencias rápidas y seguras sin la necesidad de intermediarios.

La digitalización de la banca está cambiando la forma en que los clientes interactúan con los bancos y están abriendo nuevas oportunidades para ofrecer servicios financieros más accesibles y personalizados. La tecnología sigue avanzando a un ritmo acelerado, y es probable que sigamos viendo cambios significativos en la industria bancaria en los próximos años.

Enumeré hace unas lineas que la digitalización ha permitido a los bancos enfocarse en adquirir clientes sin la necesidad de pasar por una sucursal física. Mas allá de disponer de la tecnología nos enfrentamos a algunos desafíos en los que quiero profundizar

A continuación, describo entonces algunos de los desafíos más grandes para la apertura de cuentas bancarias 100% digitales tanto para personas físicas como para personas jurídicas:

Desafíos para la apertura de cuenta 100% digital para personas físicas:

Verificación de identidad: Una de las principales barreras para la apertura de cuentas bancarias digitales es la necesidad de verificar la identidad del solicitante de manera segura y confiable. Para lograr esto, los bancos han implementado diferentes soluciones, como el uso de tecnologías de reconocimiento facial y biométricas.

Cumplimiento regulatorio: Los bancos deben cumplir con regulaciones de lavado de dinero y financiamiento del terrorismo (AML/KYC), lo que implica la necesidad de recopilar y verificar información adicional del cliente, como su fuente de ingresos y antecedentes financieros.

Accesibilidad: La accesibilidad es otro desafío importante. A pesar de que cada vez más personas tienen acceso a Internet, todavía hay poblaciones que no tienen acceso a la tecnología necesaria para abrir una cuenta bancaria digital.

Desafíos para la apertura de cuenta 100% digital para personas jurídicas:

Verificación de identidad y propiedad: Para las empresas, el desafío principal es la verificación de la identidad y la propiedad de la entidad que solicita la apertura de la cuenta. Los bancos deben recopilar información detallada sobre la empresa, sus dueños y su estructura corporativa.

Cumplimiento regulatorio: Las empresas también están sujetas a regulaciones AML/KYC, lo que significa que los bancos deben verificar la fuente de ingresos de la empresa y su historial financiero.

Proceso de aprobación: El proceso de aprobación para la apertura de una cuenta bancaria para empresas puede ser más complejo que para las personas físicas. Los bancos deben evaluar el riesgo de la empresa y tomar decisiones basadas en su capacidad de pagar, su historial crediticio y otros factores.

A continuación, un cuadro que resume las principales diferencias entre la apertura de cuentas bancarias digitales para personas físicas y personas jurídicas:

	Personas Físicas	**Personas Jurídicas**
Verificación de identidad	Uso de tecnologías biométricas y	Verificación de la identidad y propiedad de la

	de reconocimient o facial	empresa y sus dueños
Cumplimient o regulatorio	Regulaciones AML/KYC	Regulaciones AML/KYC
Accesibilidad	Puede ser un desafío para algunos	Menos relevante, pero las empresas pueden tener requisitos específicos que deben ser cumplidos
Proceso de aprobación	Menos complejo	Más complejo, ya que implica evaluar el riesgo de la empresa y su capacidad de pago

Muchas veces los problemas que me encuentro son porque intentan digitalizar procesos y no rediseñarlos, la digitalización no hace la modernidad.

Recientemente me asignaron la tarea de revisar y mejorar el proceso de alta en un banco que estaba implementando una nueva plataforma de apertura de cuentas 100% digital.

Después de revisar el proceso, identifiqué varios problemas que impedían que los clientes completaran la apertura de cuentas de manera eficiente.

Uno de los problemas más grandes fue que el proceso de verificación de identidad era extremadamente engorroso. Los clientes tenían que proporcionar múltiples documentos y la plataforma no era capaz de validarlos automáticamente, lo que resultaba en tiempos de espera prolongados y en una experiencia frustrante para los clientes. Además, los clientes que no tenían documentos válidos o que no podían proporcionar los documentos requeridos no podían completar el proceso de alta. Esto sucede cuando el proceso digital responde a un proceso formal, tradicional, no optimizado para el alta digital. No entrando al detalle del compliance, viendo como las regulaciones se adaptan pero no los procesos.

Para resolver este problema, recomendé que el banco implementara un sistema de verificación de identidad automático, utilizando tecnología de reconocimiento facial y de documentos. También sugerí que el banco permitiera a los clientes proporcionar documentos adicionales después de completar la solicitud inicial, para facilitar el proceso de verificación de identidad.

Otro problema que encontré fue que la plataforma no estaba diseñada para manejar casos de clientes extranjeros o no residentes. La plataforma no tenía los requisitos necesarios para la verificación de identidad y, en muchos casos, los clientes no podían proporcionar los documentos necesarios para completar el proceso de alta.

Para resolver este problema, recomendé que el banco revisara sus políticas y requisitos de verificación de identidad para los clientes extranjeros y no residentes, y desarrollara un proceso alternativo para validar la identidad de estos clientes.

En general, mi experiencia como consultor en la mejora del proceso de alta en un banco me ha demostrado la importancia de considerar todas las posibles limitaciones y desafíos que pueden afectar el proceso de apertura de cuentas 100% digital. A través de la implementación de soluciones innovadoras y el enfoque en la mejora de la experiencia del cliente, es posible ofrecer una plataforma de apertura de cuentas digital eficiente y exitosa.

3 - LA BANCA MÓVIL: CÓMO LOS BANCOS ESTÁN LLEGANDO A LOS CONSUMIDORES EN CUALQUIER LUGAR Y EN CUALQUIER MOMENTO

La banca móvil ha revolucionado la forma en que los bancos interactúan con sus clientes y cómo estos manejan sus finanzas. Hoy en día, con la ayuda de un dispositivo móvil, los clientes pueden realizar transacciones bancarias en cualquier lugar y en cualquier momento. En este capítulo, exploraremos cómo los bancos están utilizando la tecnología móvil para llegar a sus clientes de manera más efectiva y brindar servicios financieros innovadores.

La banca móvil ha evolucionado mucho desde sus inicios. En un principio, los bancos simplemente ofrecían una aplicación móvil para que los clientes pudieran realizar transacciones básicas, como verificar el saldo de sus cuentas, hacer transferencias y pagar facturas. Sin embargo, en la actualidad, la banca móvil ha avanzado mucho más allá de eso y se ha convertido en una herramienta completa para la gestión de las finanzas personales.

Uno de los mayores beneficios de la banca móvil es la comodidad que brinda a los clientes. Ya no es necesario acudir a una sucursal bancaria para realizar transacciones, lo que puede ser un gran alivio para aquellos que tienen un horario ocupado. Además, con la banca móvil, los clientes pueden tener acceso a su información financiera en tiempo real, lo que les permite tomar decisiones informadas en el momento.

Otro gran beneficio de la banca móvil es la capacidad de personalización. Los bancos pueden utilizar la tecnología móvil para recopilar datos sobre los hábitos y preferencias de los clientes, lo que les permite ofrecer servicios y productos financieros adaptados a las necesidades individuales de cada cliente. Por ejemplo, un banco puede enviar ofertas personalizadas a un cliente en función de su historial de compras o gastos.

Sin embargo, la banca móvil también presenta algunos desafíos. Uno de los mayores desafíos es la seguridad. La banca móvil puede ser vulnerable a ciberataques, lo que puede poner en riesgo la información financiera del cliente. Los bancos deben tomar medidas de seguridad adicionales para proteger la información de sus clientes, como la implementación de autenticación de dos factores y el cifrado de datos.

Otro desafío es la falta de acceso a la tecnología móvil en ciertas áreas geográficas o por parte de ciertos grupos demográficos. Si bien la tecnología móvil se ha vuelto muy común, aún existen personas que no tienen acceso a dispositivos móviles o no se sienten cómodos utilizándolos para realizar transacciones financieras. Los bancos deben encontrar formas de llegar a estas personas y ofrecer alternativas, como la banca en línea o la banca por teléfono.

En definitiva querido lectores, debemos apuntar a generar un importante proceso de inclusión financiera que colabore en desarrollar un mundo lleno de oportunidades para todos.

Para superar estos desafíos, los bancos están invirtiendo en tecnologías innovadoras. Por ejemplo, están utilizando la inteligencia artificial y el aprendizaje automático para mejorar la seguridad y la personalización de la banca móvil. También están implementando soluciones para mejorar la accesibilidad a la tecnología móvil, como el desarrollo de aplicaciones móviles más intuitivas y fáciles de usar.

La banca móvil ha cambiado la forma en que los clientes interactúan con sus bancos y manejan sus finanzas. A medida que la tecnología móvil continúa evolucionando, los bancos deben adaptarse y encontrar formas de ofrecer servicios financieros innovadores y seguros a sus clientes en cualquier

A pesar de los avances tecnológicos en la banca móvil, los bancos tradicionales todavía se enfrentan a desafíos significativos en la competencia con fintechs y bigtechs. Las fintechs son empresas que utilizan tecnología innovadora para ofrecer servicios financieros, mientras que las bigtechs son empresas tecnológicas más grandes que ofrecen servicios financieros en conjunto con sus productos y servicios tecnológicos.

Los bancos tradicionales a menudo tienen una infraestructura costosa y un marco regulatorio más riguroso que las fintechs y las bigtechs, lo que puede dificultar su capacidad para innovar rápidamente y ofrecer servicios más personalizados y atractivos para los consumidores. Además, los bancos pueden ser percibidos por los consumidores como instituciones anticuadas y burocráticas, lo que puede reducir su capacidad para atraer y retener clientes más jóvenes y tecnológicamente avanzados.

Por otro lado, las fintechs y las bigtechs pueden ofrecer servicios financieros innovadores y personalizados a través de tecnologías más ágiles y flexibles. Estas empresas también pueden aprovechar grandes cantidades de datos y análisis avanzados para entender mejor las necesidades de los clientes y personalizar sus ofertas de productos y servicios.

A pesar de estos desafíos, los bancos tradicionales tienen algunas ventajas competitivas que pueden ayudarles a mantener su posición en el mercado. En primer lugar, los bancos tienen una presencia física en todo el mundo que les permite ofrecer servicios financieros en persona, lo que puede ser importante para ciertos clientes y situaciones financieras. Además, los bancos tienen una experiencia significativa en la gestión de riesgos y en la evaluación de la capacidad crediticia de los clientes, lo que puede ser importante para ciertos tipos de préstamos y servicios financieros.

Para competir con las fintechs y bigtechs, los bancos tradicionales están invirtiendo en tecnología para mejorar sus procesos internos y ofrecer servicios más personalizados y convenientes a sus clientes. También están trabajando en alianzas estratégicas con empresas tecnológicas para ofrecer soluciones de pago más avanzadas y fáciles de usar.

Para ir cerrando la idea, la competencia en la industria financiera está evolucionando rápidamente, y los bancos tradicionales deben seguir innovando y adaptándose a los cambios tecnológicos y a las necesidades de los consumidores para mantener su posición en el mercado.

Al mismo tiempo, deben reconocer y aprovechar sus

ventajas competitivas y trabajar en colaboración con empresas tecnológicas para ofrecer soluciones financieras más innovadoras y atractivas para los clientes.

Como estoy hablando de los competidores quiero profundizar un poco mas en este tema, y aprovechemos este capítulo para hacerlo a fondo.

Las predicciones futurísticas muchas veces pueden llevarnos a definir estrategias equivocadas, rumbos hacia un destino muy diferente al que intentábamos acercarnos.

El libro físico va a desaparecer, los ebooks dominarán el mercado de la lectura para el año 2018. (feria del libro de Barcelona 2008). En el retail, todo será compra digital, las grandes tiendas van a desaparecer !!. Porque ir a recitales si puedo tener todo en la pantalla!!, y si vamos a la banca pasó algo similar, en el 2005 se pronosticaba la desaparición del humano.

Ahora bien, algunos números nos traen una realidad un poco diferente a la pronosticada, el libro digital nunca superó el 15 % de las ventas de libros, y en la banca vemos como los neobancos están comenzando a reclutar «humanos» para mejorar su atención y relacionarse en forma diferencial con los clientes.

Cuasi realidades hicieron tomar rumbos muy distantes de las necesidades y deseos de los clientes, una encuesta, de la consultora ICON del 2021 a los millenials de Europa, brindó un dato mas que interesante. El 71 % de los encuestados requiere de una interacción humana para la toma de decisiones financieras de mediano y largo plazo.

A este dato podemos agregarle otro manto de realidad, en el mundo existen aproximadamente 45.000 bancos tradicionales y 800 digitales. El 94% de los bancos tradicionales gana dinero y solo el 2,7% de los bancos digitales lo hace, por lo tanto podemos inferir el comportamiento y deseo de los clientes, y además esto es muy importante, por que?.

Porque el cliente está dispuesto a pagar por ello

Entonces ?

Si estimados lectores, el cliente no quería eliminar las sucursales, tampoco quería que el ejecutivo desapareciera, solo quería que no fuera obligatorio tener que acudir a ellos, el cliente no quería necesitarlos porque no tenia forma de solucionar sus requerimientos. El cliente quería poder resolver sus necesidades en cualquier canal, en cualquier momento, y en forma inmediata.

La eliminación del canal humano en la atención comercial en la industria financiera, solo está llevando a tickets de menor valor, los commodities generan menor revenue y por consiguiente un menor aporte de rentabilidad.

Si tomamos estadísticas del 2021 en Europa, solo el 46 % de los adultos bancarizados entre 65-74 años realizaron al menos una gestión digital, sorprendente verdad! el 54 % de los clientes o fueron a una sucursal, o requirieron hablar con un ejecutivo o lo que es mucho peor no pudieron resolver su requerimiento.

Si la estrategia es solo ir por una atención digital, déjame contarte como puede esto impactar en tu revenue y diferenciación con tus competidores. Tu único diferencial pasará a ser el preció, el open banking permitirá tener concertadores de oferta como pasa hoy en la industria del seguro, tu ticket será cada vez menor o negativo y la retención será nula.

No me crees? analicemos como la industria ha pasado de

una atención personalizada de seguros a una competencia feroz concentrada por portales de oferta. El cliente cotiza mas de una empresa, por el mismo tipo de seguros y termina seleccionando entre sus opciones el mejor precio.

Una vez por año hace un check de polizas y si ve que el seguro que tiene sale mas caro que algunas de las opciones del portal cambia de empresa prestadora. Triste realidad que está replanteando algunas estrategias.

Pensemos juntos, no requiere la industria un desarrollo de productos mas simples, mas intuitivos, mas cerca de las necesidades de cada uno de nuestros segmentos? Profesionalizando los canales, humanizándolos digitalmente?

Imagina que nos focalizamos en prestamos para el sector agricola/ganadero, hoy podrías aprovechar las capacidades digitales para que tu cliente converse donde quiere, en el momento que lo requiere con un asesor experto, que puede encontrarse donde quiere. Este nuevo formato híbrido de atención puede revolucionar la capacidad comercial de este segmento

Lo Digital Debe Permitirnos Crear Un Canal Mas Cercano, Mas Real Y Sobre Todo Mas Empático

Modelo de banca móvil

A continuación, te presento un modelo de banca móvil que contempla diversas tecnologías y aborda los problemas que tienen los usuarios hoy en día:

Autenticación biométrica: La autenticación biométrica permite a los usuarios acceder a sus cuentas bancarias móviles utilizando características físicas únicas, como la huella digital, el reconocimiento facial o el escaneo de iris. Esto aumenta la seguridad y la comodidad del usuario, ya que no tendrán que recordar contraseñas complicadas. Además, la autenticación biométrica también podría reducir el riesgo de fraudes.

Chatbots: Los chatbots son programas de computadora diseñados para simular conversaciones humanas. En el contexto de la banca móvil, los chatbots pueden responder preguntas frecuentes, brindar asesoramiento financiero y realizar transacciones en tiempo real. Esto hace que la experiencia del usuario sea más rápida y sencilla.

Realidad aumentada: La realidad aumentada puede utilizarse para mejorar la experiencia del usuario al ofrecer información en tiempo real sobre sucursales cercanas, cajeros automáticos y otras ubicaciones relevantes. También puede ser útil para proporcionar información adicional sobre productos financieros, como tasas de interés, plazos y términos y condiciones.

Pagos móviles: Los pagos móviles son una forma rápida y segura de realizar transacciones utilizando un smartphone. Los usuarios pueden vincular sus cuentas bancarias a una aplicación de pagos móviles y utilizarla para transferir dinero a otros usuarios, pagar facturas y realizar compras en línea y en tiendas físicas.

Inteligencia artificial: La inteligencia artificial puede utilizarse para analizar el comportamiento del usuario y ofrecer recomendaciones personalizadas. Por ejemplo, si un usuario realiza compras en línea regularmente, la inteligencia artificial podría sugerirle productos financieros que podrían ser de su interés. La inteligencia artificial también puede utilizarse para detectar transacciones sospechosas y reducir el riesgo de fraude.

Asesoramiento financiero automatizado: El asesoramiento financiero automatizado utiliza algoritmos para proporcionar recomendaciones de inversión personalizadas a los usuarios. Los usuarios pueden ingresar su perfil de inversión y objetivos a largo plazo, y el algoritmo les proporcionará una cartera de inversión recomendada.

Realidad virtual: La realidad virtual puede utilizarse para proporcionar experiencias inmersivas y educativas sobre productos financieros. Por ejemplo, un usuario podría "visitar" una sucursal bancaria en realidad virtual y recibir una demostración de los productos y servicios que ofrece el banco.

Estas son solo algunas ideas de las tecnologías que podrían incorporarse en una aplicación de banca móvil. Por supuesto, el modelo dependería de las necesidades y objetivos específicos de cada banco y de sus clientes. Es importante recordar que, aunque la tecnología puede mejorar la experiencia del usuario, también es importante brindar un servicio al cliente de calidad y asegurar la seguridad de los datos bancarios.

Journeys felices

A continuación, te presento un journey feliz para un usuario **persona física** y uno de **persona jurídica**, en los cuales se utilizan las tecnologías bancarias móviles para resolver sus necesidades de manera 100% digital.

Journey feliz para un usuario persona física:

Ana, una joven profesional, necesita abrir una cuenta bancaria para recibir su salario y pagar sus gastos mensuales. Ana, como muchas personas jóvenes, prefiere hacer todo a través de su celular.

Ana descarga la aplicación bancaria móvil y comienza el proceso de alta digital. La aplicación le permite escanear su documento de identidad y tomarse una selfie, lo que permite la validación en línea de su identidad. La aplicación también le permite cargar sus documentos de prueba de residencia y de ingresos de manera electrónica.

Una vez que todos los documentos han sido cargados y validados, la aplicación le muestra los diferentes tipos de cuenta que se adaptan a sus necesidades. Ana elige una cuenta de ahorro y le da el visto bueno a los términos y condiciones.

La aplicación le permite agregar su tarjeta de débito virtual de inmediato, lo que le permite comenzar a utilizar su cuenta inmediatamente. Ana también descarga una aplicación de pago móvil que se integra directamente con su cuenta bancaria.

Ana utiliza la aplicación de pago móvil para pagar sus gastos mensuales y también para hacer transferencias de dinero a sus amigos y familiares. Ella también utiliza la aplicación bancaria móvil para ver su saldo y verificar sus transacciones en tiempo real.

Journey feliz para un usuario persona jurídica:

Pablo es el propietario de una pequeña empresa de diseño gráfico y necesita abrir una cuenta bancaria para su negocio. Debido a la naturaleza de su trabajo, Pablo está constantemente en movimiento y no tiene tiempo para ir a una sucursal bancaria.

Pablo descarga la aplicación bancaria móvil y comienza el proceso de alta digital para su empresa. La aplicación le permite escanear sus documentos de registro de empresa y validar la identidad de la empresa en línea.

La aplicación también le permite cargar los documentos de prueba de residencia y de ingresos de su empresa de manera electrónica.

Una vez que todos los documentos han sido cargados y validados, la aplicación le muestra los diferentes tipos de cuenta que se adaptan a sus necesidades de negocio.

Pablo elige una cuenta corriente y le da el visto bueno a los términos y condiciones. La aplicación le permite agregar sus tarjetas de débito y crédito virtuales de inmediato, lo que le permite comenzar a utilizar su cuenta inmediatamente.

Pablo utiliza la aplicación bancaria móvil para realizar pagos a sus proveedores y para recibir pagos de sus clientes. También utiliza la aplicación para monitorear los pagos y los saldos de su cuenta en tiempo real.

En caso de necesitar un préstamo comercial, la aplicación le permite solicitar uno de manera sencilla y rápida. La aplicación utiliza la información financiera de su empresa para preaprobar su solicitud de préstamo en línea. Una vez que la solicitud ha sido aprobada, el dinero se deposita en su cuenta bancaria de manera inmediata.

Como se puede ver, tanto para el usuario persona física como para el usuario persona jurídica, la banca móvil y la tecnología bancaria han facilitado y simplificado el proceso de alta y gestión de cuentas bancarias, permitiendo a los usuarios realizar sus transacciones

4 - LAS FINTECH Y LA DISRUPCIÓN BANCARIA: ¿CÓMO ESTÁN CAMBIANDO EL PANORAMA FINANCIERO?

Las fintech han irrumpido con fuerza en el sector financiero y están cambiando la forma en que los consumidores interactúan con sus servicios bancarios. Las fintech, o tecnologías financieras, son empresas que utilizan la tecnología para proporcionar servicios financieros más eficientes y convenientes. Estas empresas han sido capaces de satisfacer las necesidades de los consumidores que buscan una mayor conveniencia, transparencia y facilidad de uso en sus servicios financieros.

Las fintech han desafiado el modelo de negocio tradicional de la banca, y han tenido un impacto significativo en la forma en que los bancos tradicionales interactúan con sus clientes. Los bancos han tenido que adaptarse a la competencia de las fintech y ofrecer servicios similares para mantenerse competitivos.

En este capítulo, exploraremos la forma en que las fintech están cambiando el panorama financiero y los desafíos y oportunidades que enfrentan los bancos tradicionales.

¿Qué son las fintech?

Las fintech son empresas que utilizan la tecnología para proporcionar servicios financieros más eficientes y convenientes. Estas empresas han surgido en respuesta a la necesidad de satisfacer las necesidades de los consumidores que buscan servicios financieros más fáciles de usar y más transparentes. Las fintech han sido capaces de ofrecer una mayor comodidad a los consumidores a través de la utilización de tecnologías tales como la banca móvil, los pagos móviles y la inteligencia artificial.

Las fintech se han convertido en una alternativa atractiva a los bancos tradicionales para muchos consumidores. Estas empresas han sido capaces de ofrecer servicios financieros más asequibles y accesibles que los bancos tradicionales, y han sido capaces de hacerlo de manera más eficiente. Además, las fintech han sido capaces de ofrecer una mayor transparencia y facilidad de uso en sus servicios financieros.

Las fintech están cambiando la forma en que los consumidores interactúan con sus servicios financieros. Muchas de estas empresas han sido capaces de proporcionar servicios financieros más accesibles y convenientes que los bancos tradicionales, lo que ha llevado a una mayor adopción de la tecnología financiera.

¿Cómo están cambiando las fintech el panorama financiero?

Las fintech han sido capaces de desafiar el modelo de negocio tradicional de la banca. Estas empresas han sido capaces de ofrecer servicios financieros más eficientes y convenientes que los bancos tradicionales, lo que ha llevado a una mayor adopción de la tecnología financiera.

Las fintech han sido capaces de ofrecer servicios financieros más asequibles que los bancos tradicionales. Estas empresas han sido capaces de hacerlo a través de la utilización de tecnologías tales como la banca móvil, los pagos móviles y la inteligencia artificial. Además, las fintech han sido capaces de ofrecer una mayor transparencia y facilidad de uso en sus servicios financieros.

Las fintech han desafiado el modelo de negocio tradicional de la banca. Estas empresas han sido capaces de proporcionar servicios financieros más eficientes y convenientes que los bancos tradicionales, lo que ha llevado a una mayor adopción por parte de los consumidores. La capacidad de las fintech para ofrecer servicios personalizados y adaptados a las necesidades específicas de los usuarios, a menudo utilizando tecnología avanzada, ha atraído a muchos clientes insatisfechos con la banca tradicional.

Además, las fintech han logrado reducir los costos y aumentar la eficiencia al eliminar gran parte de la burocracia y la intermediación que caracteriza al modelo de negocio bancario tradicional. A través de la digitalización de procesos y la automatización de tareas, las fintech pueden ofrecer productos y servicios financieros a un costo mucho menor que los bancos tradicionales.

Este cambio en la dinámica de la industria financiera ha sido particularmente evidente en el ámbito de los préstamos y la financiación. Las fintech han sido capaces de utilizar tecnologías avanzadas como el aprendizaje automático y la inteligencia artificial para evaluar el riesgo crediticio de los prestatarios de una manera más precisa y eficiente que los bancos tradicionales. Además, muchas fintech han desarrollado modelos de negocio basados en la colaboración con inversores minoristas, permitiendo a los inversores individuales financiar directamente a los prestatarios y obtener retornos atractivos en el proceso.

Otro ámbito en el que las fintech han tenido un impacto significativo es en el de los pagos. Las empresas de fintech han desarrollado una variedad de soluciones innovadoras de pago, incluyendo aplicaciones móviles y billeteras digitales, que ofrecen a los consumidores una experiencia de pago más rápida, segura y conveniente. Además, las fintech han permitido a las empresas procesar pagos en tiempo real y en cualquier parte del mundo, eliminando muchas de las restricciones geográficas y de tiempo que caracterizan a los sistemas de pago tradicionales.

Sin embargo, a pesar de los muchos beneficios que las fintech han aportado al panorama financiero, también hay algunos desafíos y riesgos asociados con el crecimiento de estas empresas. Uno de los principales desafíos es la falta de regulación en muchas jurisdicciones. Como las fintech son relativamente nuevas en comparación con los bancos tradicionales, los reguladores están luchando por mantenerse al día con el ritmo de cambio en la industria. Esto puede llevar a una falta de claridad en cuanto a las responsabilidades y obligaciones de las empresas de fintech, así como a la falta de protección para los consumidores.

Otro desafío es la seguridad. A medida que las fintech procesan cada vez más información financiera sensible, existe un mayor riesgo de que se produzcan violaciones de datos o fraudes financieros. Las empresas de fintech deben tomar medidas activas para garantizar la seguridad de sus sistemas y proteger la información financiera de sus clientes.

A pesar de estos desafíos, las fintech seguirán desempeñando un papel importante en el futuro del panorama financiero. Es probable que veamos un aumento en la colaboración entre las fintech y los bancos tradicionales, ya que los bancos buscan aprovechar las tecnologías avanzadas y los modelos de negocio innovadores que las fintech han desarrollado. Al mismo tiempo, es probable que veamos nuevas empresas de fintech emergentes que continúen desafiando el statu quo y buscando formas de ofrecer productos

Sin embargo, a pesar de que las fintech han desafiado el modelo de negocio tradicional de la banca, todavía enfrentan una serie de desafíos y limitaciones. En primer lugar, muchas fintech tienen dificultades para escalar y expandirse a nuevos mercados debido a la falta de regulación clara y coherente en todo el mundo. La regulación financiera varía significativamente de un país a otro, lo que dificulta que las fintech operen en múltiples jurisdicciones sin incurrir en costos adicionales y enfrentar obstáculos regulatorios.

Además, las fintech a menudo dependen de proveedores de tecnología y otros terceros para brindar sus servicios, lo que puede aumentar su riesgo operativo y de seguridad cibernética. En algunos casos, los proveedores de tecnología pueden no cumplir con los estándares de seguridad y privacidad necesarios para proteger la información del cliente, lo que podría llevar a violaciones de datos y pérdidas financieras significativas.

Otro desafío para las fintech es la competencia cada vez mayor de los gigantes tecnológicos, como Amazon, Apple, Facebook y Google (las llamadas "bigtech"). Estas empresas tienen una gran cantidad de recursos y experiencia en tecnología, lo que les permite ofrecer servicios financieros en línea y móviles de manera efectiva y a gran escala. Además, estas empresas pueden utilizar datos de usuarios y tecnología de inteligencia artificial para personalizar y mejorar la experiencia del usuario.

La competencia de las bigtech ha llevado a algunas fintech a considerar la colaboración en lugar de la competencia directa. Por ejemplo, algunas fintech están buscando asociaciones con bancos tradicionales para mejorar su acceso a la tecnología y la infraestructura de pago, mientras que los bancos pueden aprovechar la innovación y la experiencia de las fintech para mejorar su oferta de servicios digitales.

Otro modelo emergente es el de las "fintech bancarias", empresas que buscan convertirse en bancos completamente digitales. Estas empresas buscan desafiar el modelo tradicional de la banca ofreciendo servicios financieros en línea y móviles a través de aplicaciones y plataformas en línea. Algunos ejemplos de fintech bancarias incluyen a Revolut, N26 y Monzo.

Además, la tecnología blockchain y las criptomonedas están abriendo nuevas posibilidades para la industria financiera. Las criptomonedas, como el Bitcoin y el Ethereum, están desafiando el modelo tradicional de la moneda fiduciaria y ofreciendo una forma descentralizada de transferir valor. Además, la tecnología blockchain, que es la tecnología subyacente detrás de las criptomonedas, puede utilizarse para una variedad de aplicaciones financieras, como la liquidación de valores y la gestión de identidad.

Actualmente, las fintech están desafiando el modelo de negocio tradicional de la banca y ofreciendo servicios financieros más eficientes y convenientes. Sin embargo, todavía enfrentan una serie de desafíos y limitaciones, como la falta de regulación clara, la dependencia de terceros y la competencia de los gigantes tecnológicos. A medida que la tecnología continúa evolucionando, es probable que veamos nuevos modelos disruptivos y soluciones innovadoras que cambien aún más el panorama financiero.

Hay varias diferencias significativas entre un banco y una fintech. A continuación, te detallo algunas de ellas en los aspectos regulatorio, seguridad, facilidad de uso y presupuesto:

Regulatorio: Los bancos suelen estar regulados por agencias gubernamentales y deben cumplir con una serie de regulaciones y normas, lo que a menudo puede hacer que su funcionamiento sea más lento y engorroso. Las fintech, por otro lado, a menudo están sujetas a regulaciones menos estrictas o no están reguladas de la misma manera que los bancos, lo que les permite ser más ágiles y flexibles en su funcionamiento.

Seguridad: Los bancos tradicionales tienen décadas de experiencia en la gestión de la seguridad y protección de los datos financieros de sus clientes. Además, están obligados a seguir estándares de seguridad específicos para proteger las cuentas de sus clientes. Las fintech, por su parte, a menudo dependen de la tecnología para garantizar la seguridad de las transacciones financieras, lo que puede resultar en vulnerabilidades de seguridad.

Facilidad de uso: Las fintech tienden a ser más innovadoras y están más enfocadas en la experiencia del usuario, lo que les permite ofrecer productos y servicios más fáciles de usar y personalizados para los clientes. Los bancos tradicionales, en cambio, pueden estar limitados por su estructura jerárquica y sistemas heredados, lo que puede hacer que sus procesos sean más complicados y menos amigables para el usuario.

Presupuesto: Los bancos tradicionales a menudo tienen un mayor presupuesto que las fintech debido a su tamaño y escala. Esto les permite invertir en tecnología y recursos que pueden mejorar su seguridad, servicios y alcance. Sin embargo, las fintech a menudo tienen una mayor capacidad para innovar y experimentar con nuevas tecnologías debido a su estructura más ágil y enfocada en la innovación.

Mientras que los bancos tradicionales suelen estar más regulados, ofrecen una mayor seguridad y tienen un mayor presupuesto, las fintech son más innovadoras, tienen una mayor facilidad de uso y son más ágiles.

Aquí dejo un cuadro resumen, muchas veces ayuda

Criterio	Bancos	Fintechs
Regulación	Altamente regulados y supervisados por autoridades financieras locales e internacionales.	A menudo están regulados, pero a menudo tienen un marco regulatorio más flexible que les permite experimentar con nuevos modelos de negocio y tecnologías.
Seguridad	Tienen protocolos de seguridad y protección de datos muy altos y rigurosos debido a la gran cantidad de información y datos sensibles que manejan.	Tienen protocolos de seguridad sólidos, pero pueden ser menos complejos que los de los bancos tradicionales.
Facilidad	Suelen tener	Tienen un enfoque

de uso	un enfoque más clásico y estructurado en términos de diseño y usabilidad.	más centrado en el usuario y en la experiencia de usuario (UX), con aplicaciones y servicios fácilmente accesibles y muy intuitivos.
Presupuesto	Tienen grandes presupuestos para operar y mantener una amplia red de sucursales físicas, empleados y tecnologías.	Suelen ser más ágiles y flexibles en cuanto a costos, ya que a menudo tienen menos gastos fijos y pueden aprovechar la tecnología para operar y servir a sus clientes.

En una reciente reunión en una importante asociación de bancos, con los presidentes sentados en una gran mesa surgió un interesante punto que abrió el debate.

Hay que aliarse a las fintechs o hay que verlos como una amenaza?

Claramente los bancos enfrentan el paradigma y su visión histórica, lo que me permití en ese momento fue hablarles de los pros y contras de dos visiones contrapuestas.

Una con las fintechs como aliadas y otra como amenazas.

Aquí te dejo el ejercicio

VISIÓN DE LA FINTECH COMO ALIADA:

Pros:

Las fintech pueden proporcionar una solución eficiente y rentable para los bancos que buscan modernizar sus operaciones y ofrecer servicios más avanzados a sus clientes.

Las fintech pueden ser capaces de aportar una mayor flexibilidad y agilidad en la toma de decisiones, lo que podría ser beneficioso en un entorno empresarial altamente competitivo.

Las fintech pueden ofrecer una experiencia de usuario más atractiva y personalizada, lo que podría ayudar a retener y atraer a nuevos clientes.

Contras:

Las fintech pueden representar una amenaza para los bancos tradicionales al ofrecer servicios que compiten directamente con los suyos.
Las fintech pueden ser más vulnerables a los riesgos de seguridad cibernética, lo que podría representar un riesgo para los datos de los clientes y la reputación de la marca.

Las fintech pueden no estar sujetas a las mismas regulaciones que los bancos tradicionales, lo que podría generar desigualdades en la competencia y posibles riesgos para los consumidores.

VISIÓN DE LA FINTECH COMO ENEMIGA:

Pros:

Las fintech pueden ser vistas como una amenaza para la estabilidad del sistema financiero, ya que pueden operar fuera de los marcos reguladores establecidos y poner en peligro la seguridad de los consumidores.

Las fintech pueden estar sujetas a una menor supervisión y regulación, lo que podría resultar en prácticas comerciales injustas o engañosas que afecten negativamente a los consumidores.

Las fintech pueden competir con los bancos tradicionales de manera desleal al ofrecer servicios similares sin estar sujetas a las mismas regulaciones y costos.

Contras:

Ver a las fintech como enemigas podría llevar a los bancos tradicionales a ignorar las oportunidades de colaboración y asociación que podrían surgir de trabajar juntos.

La competencia de las fintech podría llevar a los bancos tradicionales a acelerar su propia innovación y modernización para mantenerse relevantes y competitivos.

Las fintech pueden proporcionar una perspectiva valiosa sobre las necesidades y deseos de los consumidores, lo que podría ayudar a los bancos tradicionales a mejorar sus propias ofertas de productos y servicios.

5 - LA INTELIGENCIA ARTIFICIAL EN LA BANCA: CÓMO LOS BANCOS ESTÁN UTILIZANDO LA IA PARA OFRECER SERVICIOS PERSONALIZADOS

La inteligencia artificial (IA) ha sido un tema candente en la industria financiera en los últimos años. Los bancos están buscando formas de utilizar la IA para mejorar la eficiencia, reducir costos y proporcionar servicios personalizados a los clientes. En este capítulo, exploraremos cómo los bancos están utilizando la IA para mejorar sus servicios y cómo esto está afectando la industria financiera en general.

La IA en la banca

La IA es una tecnología que permite a las máquinas aprender y mejorar a partir de la experiencia, sin la necesidad de ser programadas explícitamente. Los bancos han estado utilizando la IA para una variedad de aplicaciones, incluyendo la detección de fraudes, la automatización de procesos y la mejora de la experiencia del cliente.

Uno de los ejemplos más interesantes de la IA en la banca es el chatbot. Los chatbots son programas de computadora que utilizan la IA para interactuar con los clientes. Pueden ser utilizados para responder preguntas comunes, proporcionar recomendaciones personalizadas y ayudar con las transacciones.

Un ejemplo de esto es ChatGPT[1], una herramienta de chatbot que utiliza la tecnología de lenguaje natural para responder preguntas financieras complejas y proporcionar recomendaciones personalizadas a los usuarios.

La IA también se está utilizando para mejorar la eficiencia de los procesos bancarios. Por ejemplo, los bancos están utilizando la IA para automatizar tareas repetitivas y reducir los errores humanos. Además, están utilizando la IA para mejorar la detección de fraudes, lo que puede ahorrar tiempo y recursos

.

La IA también está siendo utilizada para proporcionar servicios personalizados a los clientes. Por ejemplo, los bancos están utilizando la IA para analizar los patrones de gasto de los clientes y proporcionar recomendaciones personalizadas para ahorrar dinero o mejorar sus finanzas. Además, la IA también está siendo utilizada para analizar el comportamiento de los clientes y proporcionar ofertas personalizadas y adaptadas a sus necesidades.

Pros y contras de la IA en la banca

La IA tiene el potencial de revolucionar la industria financiera y mejorar la experiencia del cliente. Sin embargo, también hay algunos riesgos y desventajas a tener en cuenta.

Pros:

Mejora de la eficiencia: La IA puede automatizar tareas repetitivas y reducir los errores humanos, lo que puede mejorar la eficiencia de los procesos bancarios.

Servicios personalizados: La IA puede analizar el comportamiento de los clientes y proporcionar servicios personalizados y adaptados a sus necesidades, lo que puede mejorar la experiencia del cliente.

Detección de fraudes: La IA puede mejorar la detección de fraudes y reducir el riesgo para los bancos y los clientes.

Reducción de costos: La IA puede reducir los costos de los bancos al automatizar tareas y reducir la necesidad de personal humano.

Contras:

Riesgos de seguridad: La IA puede ser vulnerable a los ataques cibernéticos y los hackers pueden utilizar la tecnología para robar información confidencial.

Falta de transparencia: La IA puede ser difícil de entender y explicar, lo que puede hacer que sea difícil para los clientes confiar en ella.

Desplazamiento de empleos y efectos sociales de la adopción de la IA

A medida que la IA continúa siendo adoptada en la industria financiera, también hay preocupaciones sobre el desplazamiento de empleos. Si bien es cierto que la automatización de tareas puede eliminar algunos puestos de trabajo, también puede crear nuevos roles y oportunidades en áreas como la ciencia de datos y la ingeniería de software. Es importante que las empresas financieras implementen medidas para capacitar y reubicar a los empleados afectados por la automatización.

Además del desplazamiento de empleados, también hay preocupaciones sobre los efectos sociales de la adopción de la IA en la industria financiera. Es importante que los bancos y las empresas de fintech consideren las implicaciones éticas de su uso de la IA, especialmente en lo que respecta a la privacidad y la discriminación. La regulación adecuada también es esencial para garantizar que la IA se utilice de manera responsable y ética.

La IA está transformando la industria financiera y permitiendo la creación de servicios personalizados y eficientes para los clientes. A través del uso de chatbots, asistentes virtuales y análisis de datos, los bancos pueden ofrecer una experiencia mejorada y más intuitiva a sus clientes. Sin embargo, es importante abordar las preocupaciones sobre la seguridad, la privacidad y el desplazamiento de empleados que surgen con la adopción de la IA. Al hacerlo, podemos aprovechar al máximo las oportunidades que presenta la IA para la industria financiera y crear un futuro más innovador y sostenible.

En mi libro "***ChatGPT y la Revolución Digital de la Industria Financiera***", también abordo la importancia de la IA en la banca y cómo puede ser utilizada para ofrecer servicios personalizados y eficientes a los clientes. Además, discuto las implicaciones éticas y sociales del uso de la IA en la industria financiera y cómo la regulación adecuada es esencial para garantizar que se utilice de manera responsable y ética. La adopción de la IA en la banca es un tema clave que no puede ser ignorado, y es importante que los líderes de la industria comprendan su potencial y sus riesgos para tomar decisiones informadas.

Además del desplazamiento de empleos, la implementación de la IA también plantea preocupaciones sobre la privacidad y la seguridad de los datos financieros. Los bancos deben asegurarse de que sus sistemas sean seguros y protejan la información personal y financiera de sus clientes. Los reguladores también deben ser conscientes de cómo se utilizan los datos financieros y cómo se protegen los derechos de privacidad de los consumidores.

A pesar de estas preocupaciones, la IA está transformando la industria bancaria y ofreciendo oportunidades para la personalización de servicios y la eficiencia en la toma de decisiones. Por ejemplo, la IA se puede utilizar para analizar patrones de gastos y ayudar a los consumidores a administrar mejor su dinero. También se puede utilizar para mejorar la precisión en la evaluación de riesgos crediticios y para detectar posibles fraudes financieros.

Otro ejemplo es la utilización de chatbots impulsados por la IA. Estos asistentes virtuales están diseñados para simular una conversación con un humano y pueden ayudar a los clientes a realizar transacciones bancarias y responder preguntas comunes sobre los productos y servicios bancarios. La tecnología de chatbot es una de las áreas donde ChatGPT ha demostrado ser especialmente efectivo, y es una solución cada vez más popular para mejorar la experiencia del cliente en línea.

Sin dudas, la IA está transformando la forma en que los bancos ofrecen servicios financieros, desde la automatización de procesos hasta la personalización de servicios. Aunque la implementación de la IA plantea preocupaciones sobre la privacidad y la seguridad de los datos financieros, la industria bancaria debe seguir adoptando estas tecnologías para mejorar la eficiencia, la toma de decisiones y la experiencia del cliente.

Ejemplos de problemas y soluciones desarrolladas con IA en la banca

Aquí te proporciono algunos ejemplos de problemas y soluciones desarrolladas con IA en la banca:

Detección de fraude: los bancos pueden utilizar algoritmos de aprendizaje automático para detectar patrones sospechosos en las transacciones financieras y así prevenir fraudes. Por ejemplo, si un cliente realiza una gran cantidad de compras inusuales en un corto periodo de tiempo, el sistema puede alertar a los investigadores para que revisen la actividad del cliente y determinen si hay un fraude en curso.

Análisis de riesgo crediticio: los bancos pueden utilizar IA para evaluar la capacidad crediticia de los clientes. La IA puede analizar grandes cantidades de datos, como el historial crediticio, la puntuación de crédito y la actividad bancaria, para determinar la probabilidad de que un cliente incumpla con sus pagos. Esto permite a los bancos tomar decisiones informadas sobre la concesión de préstamos y reducir el riesgo de impagos.

Servicios personalizados al cliente: la IA permite a los bancos ofrecer servicios personalizados a los clientes, como recomendaciones de inversión y gestión de patrimonio. Por ejemplo, ChatGPT podría utilizar la IA para analizar los hábitos de gasto y ahorro de un cliente, y ofrecer recomendaciones personalizadas sobre cómo ahorrar más y dónde invertir su dinero.

Mejora de la experiencia del cliente: la IA también puede ayudar a mejorar la experiencia del cliente en el banco. Los chatbots y otros sistemas de IA pueden proporcionar respuestas rápidas y precisas a las preguntas de los clientes, reduciendo el tiempo de espera y mejorando la satisfacción del cliente. Además, la IA puede ayudar a personalizar la comunicación con el cliente, lo que puede aumentar la retención y la fidelidad.

Automatización de procesos: la IA puede ser utilizada para automatizar muchos procesos en la banca, desde la gestión de riesgos hasta la revisión de documentos legales. Esto puede reducir los costos y mejorar la eficiencia, permitiendo a los bancos centrarse en ofrecer servicios de mayor valor añadido a sus clientes.

En general, la IA está transformando la banca y permitiendo a los bancos ofrecer servicios más personalizados y eficientes a sus clientes. Sin embargo, también plantea desafíos en términos de privacidad y seguridad de los datos, y puede tener un impacto en la fuerza laboral bancaria. Es importante que los bancos aborden estos desafíos de manera responsable y equilibrada para asegurar que la IA beneficie tanto a los clientes como a la sociedad en general.

Quiero ahora entrar un poco en la vida real, si bien los contratos de confidencialidad no me permiten nombrar a los clientes si puedo ponerles nombres inventados.

Así que a continuación te dejo claros ejemplos de implementación de la IA en la banca

BANCO A: UN IMPORTANTE BANCO DE LA REGIÓN CON UNA CARTERA COMPUESTA POR PERSONAS FÍSICAS Y JURÍDICAS. ESTE BANCO HISTÓRICAMENTE ERA DE PERSONA JURÍDICA DANDO SUS PRIMEROS PASOS EN RETAIL BANKING.

El **banco A** estaba luchando por reducir el número de solicitudes de préstamos rechazadas debido a la falta de historial crediticio. Utilizamos la IA para analizar los datos de transacciones de los clientes y crear un modelo de riesgo de crédito personalizado. La solución también incluyó la integración de fuentes de datos externas, como las redes sociales y la información de ubicación del dispositivo móvil, para mejorar la precisión del modelo.

La tasa de aprobación de préstamos del banco A mejoró significativamente, lo que resultó en un aumento en los ingresos generados por los préstamos.

BANCO B: UN BANCO MUY DISRUPTIVO CON MAS DE 10 MILLONES DE CLIENTES EN LATAM

El **banco B** estaba experimentando una alta tasa de abandono de clientes en el proceso de solicitud de cuentas bancarias en línea. Utilizamos la IA para analizar el comportamiento del usuario y la interacción en el sitio web del banco. La solución incluyó la personalización de la experiencia del usuario y la creación de un proceso de solicitud más simplificado y fácil de usar.

La tasa de abandono de clientes disminuyó significativamente, lo que resultó en un aumento en la adquisición de nuevos clientes.

BANCO C: UN BANCO EN PARAGUAY, QUIZÁS EL MAS GRANDE, QUIZÁS

El **banco C** estaba luchando por proporcionar una experiencia de servicio al cliente eficiente y de alta calidad a través de su centro de llamadas. Utilizamos la IA para analizar el lenguaje natural utilizado por los clientes y proporcionar respuestas automatizadas a las preguntas más frecuentes. La solución también incluyó la implementación de chatbots que pueden realizar transacciones básicas y resolver problemas comunes de los clientes.

El banco C pudo reducir significativamente el tiempo de espera y el tiempo de resolución de problemas, lo que mejoró la satisfacción del cliente.

BANCO D: ARGENTINA, UN PAIS DE SORPRESAS

El **banco D** estaba luchando por mantener un alto nivel de seguridad de datos a medida que aumentaba el uso de aplicaciones móviles y servicios en línea. Utilizamos la IA para monitorear y analizar el comportamiento del usuario y detectar cualquier actividad sospechosa. La solución también incluyó la implementación de medidas de autenticación biométrica, como la identificación facial y de voz, para aumentar la seguridad.

El banco D pudo mejorar significativamente su capacidad para detectar y prevenir fraudes y violaciones de datos.

BANCO E: UN BANCO DIGITAL CON PRESENCIA EN MAS DE 5 PAÍSES

El **banco E** estaba buscando una manera de proporcionar servicios financieros personalizados y adaptados a las necesidades individuales de cada cliente. Utilizamos la IA para analizar los patrones de gasto y ahorro de los clientes y ofrecer recomendaciones personalizadas de productos y servicios financieros. La solución también incluyó la integración de tecnologías de asesoramiento financiero automatizado, conocidas como "robo-advisors", para ayudar a los clientes a tomar decisiones de inversión informadas.

El banco E pudo mejorar significativamente la satisfacción del cliente y aumentar la retención de clientes.

6 - LA BLOCKCHAIN Y LA BANCA: ¿CÓMO ESTÁN TRANSFORMANDO LAS FINANZAS LAS TECNOLOGÍAS DE CONTABILIDAD DISTRIBUIDA?

La tecnología *Blockchain* ha sido una de las mayores innovaciones en la última década. Esta tecnología se basa en la idea de un libro de contabilidad distribuido y descentralizado que puede almacenar y verificar transacciones de forma segura y transparente sin la necesidad de un intermediario centralizado. A medida que la tecnología ha evolucionado, ha demostrado su capacidad para transformar industrias enteras y el sector financiero no es una excepción. En este capítulo, exploraremos cómo la tecnología Blockchain está transformando la banca y cómo los bancos están utilizando esta tecnología para mejorar la seguridad, la transparencia y la eficiencia en sus operaciones.

¿Qué es la tecnología Blockchain?

Antes de explorar cómo la tecnología Blockchain está transformando la banca, es importante entender qué es exactamente esta tecnología y cómo funciona. La tecnología Blockchain es una base de datos descentralizada que registra transacciones en bloques enlazados criptográficamente.

Cada bloque contiene una serie de transacciones y un *hash criptográfico* que lo conecta con el bloque anterior. Esto crea una cadena de bloques que puede ser verificada y validada por cualquier miembro de la red. Debido a que los bloques son enlazados y criptográficamente seguros, es extremadamente difícil de alterar cualquier transacción en la cadena de bloques.

Un ***hash criptográfico*** es una función matemática que toma una entrada (un mensaje o archivo de cualquier tamaño) y produce una salida única y fija de un tamaño específico. Esta salida, también conocida como el "hash", es una cadena de caracteres aparentemente aleatoria que se utiliza para verificar la integridad del mensaje original y para garantizar que no ha sido alterado o manipulado de ninguna manera.

Los hashes criptográficos son esenciales para la seguridad en línea porque permiten que los usuarios verifiquen la autenticidad de los mensajes y los archivos que reciben sin necesidad de confiar en una tercera parte. Además, los hashes criptográficos son utilizados en la criptografía de clave pública para generar firmas digitales, que son utilizadas para autenticar la identidad del remitente de un mensaje y asegurar que no ha sido alterado en tránsito.

Es importante destacar que los hashes criptográficos son unidireccionales, lo que significa que no se puede determinar la entrada original a partir de la salida. Además, cualquier cambio en la entrada resultará en un hash completamente diferente, lo que hace que los hashes criptográficos sean muy útiles para detectar cualquier intento de manipulación o corrupción de datos.

La tecnología Blockchain ha sido utilizada principalmente en el sector financiero para la creación de criptomonedas, como Bitcoin y Ethereum. Sin embargo, su aplicación en la banca se extiende mucho más allá de las criptomonedas. Los bancos están utilizando la tecnología Blockchain para mejorar la seguridad y transparencia de las transacciones, reducir los costos y aumentar la eficiencia en la gestión de los datos.

¿Cómo está transformando la tecnología Blockchain la banca?

Mejora La Seguridad Y La Transparencia

Una de las mayores ventajas de la tecnología Blockchain es su capacidad para mejorar la seguridad y la transparencia de las transacciones. La tecnología Blockchain utiliza criptografía para proteger la información y evitar la posibilidad de fraude o alteración de los datos. Además, la tecnología Blockchain también proporciona un registro permanente y transparente de las transacciones, lo que aumenta la transparencia y la responsabilidad en el sector financiero.

Reduce Los Costos

Otra forma en que la tecnología Blockchain está transformando la banca es reduciendo los costos. La tecnología Blockchain elimina la necesidad de intermediarios y reduce la cantidad de personas necesarias para realizar una transacción. Esto significa que los bancos pueden reducir los costos de intermediación y transacción, lo que se traduce en menores tarifas para los clientes.

Aumenta La Eficiencia

La tecnología Blockchain también aumenta la eficiencia en la gestión de datos y transacciones. Los bancos pueden utilizar la tecnología Blockchain para automatizar los procesos de verificación y validación de las transacciones, lo que reduce la necesidad de intervención humana y aumenta la velocidad de las transacciones.

Mejora La Gestión De Identidad

La tecnología Blockchain también puede mejorar la gestión de identidad en el sector financiero. La tecnología Blockchain permite la creación de identidades digitales seguras y descentralizadas

En los últimos años, la tecnología blockchain ha demostrado su potencial para transformar la industria financiera, proporcionando una manera segura y descentralizada de realizar transacciones. Aunque la tecnología blockchain se conoció con Bitcoin, ha evolucionado mucho más allá de las criptomonedas, con aplicaciones en áreas como la banca, la gestión de identidad y la cadena de suministro.

La blockchain es un registro digital de transacciones que se mantiene a través de una red de ordenadores descentralizada y segura. En lugar de confiar en un intermediario centralizado como un banco para verificar y aprobar las transacciones, la blockchain utiliza un sistema de consenso distribuido para validar las transacciones y mantener la integridad del registro. Esto significa que las transacciones se pueden realizar de forma más rápida, segura y transparente que con los sistemas bancarios tradicionales.

En la banca, la tecnología blockchain tiene el potencial de ***mejorar la eficiencia, reducir los costos y aumentar la transparencia***. Algunos bancos han comenzado a explorar el uso de la blockchain para facilitar pagos internacionales, gestionar la identidad del cliente y garantizar la seguridad de las transacciones.

Uno de los principales beneficios de la blockchain para la banca es la capacidad de realizar transacciones internacionales de forma más rápida y económica. Actualmente, los pagos internacionales pueden ser costosos y tardar varios días en procesarse debido a la necesidad de pasar por varios intermediarios. Con la blockchain, los pagos pueden procesarse directamente entre los bancos y los participantes, reduciendo los costos y el tiempo de procesamiento.

Con la blockchain, los pagos internacionales pueden procesarse directamente entre los bancos y los participantes, eliminando la necesidad de intermediarios y reduciendo los costos y el tiempo de procesamiento. La blockchain permite una mayor eficiencia en el proceso de pago internacional, lo que beneficia tanto a los bancos como a los clientes.

Además, la blockchain puede proporcionar una mayor transparencia en el proceso de pago internacional. Cada transacción se registra en la cadena de bloques y se puede rastrear a través de todas las etapas del proceso de pago. Esto significa que los clientes pueden ver el progreso de sus pagos en tiempo real y tener la tranquilidad de saber que su dinero se está moviendo de manera segura y eficiente.

Otro beneficio de la blockchain para la banca es la mejora en la seguridad de las transacciones internacionales. La blockchain utiliza técnicas avanzadas de criptografía para proteger la integridad de las transacciones y garantizar que sean inmutables. Esto significa que las transacciones se pueden realizar de manera segura y confiable, sin preocuparse por la posibilidad de fraude o manipulación de datos.

La capacidad de realizar transacciones internacionales más rápidas, económicas y seguras es uno de los principales beneficios de la blockchain para la banca. La eliminación de intermediarios, la transparencia y la seguridad son solo algunas de las formas en que la blockchain puede transformar el panorama financiero y mejorar la experiencia del cliente.

La Organización Internacional de Normalización (ISO, por sus siglas en inglés) ha desarrollado una serie de estándares para los pagos internacionales conocidos como la norma ISO 20022. Esta norma establece un lenguaje común para las comunicaciones de pago, lo que permite una mayor eficiencia y seguridad en los pagos internacionales. Además, la norma ISO 20022 se adapta a la tecnología de la blockchain, permitiendo una mejor integración de esta tecnología en los sistemas bancarios. De hecho, muchos bancos ya están adoptando la norma ISO 20022 y la blockchain para mejorar sus procesos de pagos internacionales.

La implementación más conocida de esta ISO en la industria es el Sistema de Mensajería Financiera Internacional (SWIFT[2], por sus siglas en inglés). SWIFT es una red global de comunicaciones financieras que utiliza un conjunto de estándares internacionales, incluida la ISO 20022, para transmitir información y realizar transacciones financieras entre bancos y otras instituciones financieras. La implementación de la ISO 20022 en SWIFT ha permitido una mayor eficiencia en el procesamiento de pagos internacionales, reduciendo el tiempo de procesamiento y aumentando la transparencia y la seguridad de las transacciones

Además, la tecnología blockchain puede mejorar la gestión de identidades y prevenir el fraude. La gestión de identidades se refiere al proceso de verificar la identidad de un cliente para garantizar que es quien dice ser. La blockchain puede ser utilizada para almacenar de forma segura y descentralizada la información de identificación personal de un individuo, lo que reduce el riesgo de robo de identidad y simplifica el proceso de verificación de identidad.

La gestión de identidades es un tema importante en el sector financiero, ya que la verificación de la identidad de un cliente es fundamental para prevenir el fraude. Tradicionalmente, los bancos han utilizado bases de datos centralizadas para almacenar la información de identificación personal de sus clientes. Sin embargo, estas bases de datos centralizadas son vulnerables a ataques de hackers y robos de identidad.

La tecnología blockchain ofrece una solución a este problema al permitir la creación de identidades digitales descentralizadas y seguras. En lugar de almacenar la información de identificación personal en una base de datos centralizada, la información se almacena en la blockchain de forma distribuida y encriptada.

Una de las ventajas de la gestión de identidades en la blockchain es que la información personal es propiedad exclusiva del individuo y no del banco o cualquier otra entidad centralizada. El individuo tiene control total sobre su información de identidad y puede decidir con quién compartir su información.

Además, la blockchain puede facilitar la verificación de identidad de manera más eficiente y segura. Por ejemplo, cuando un individuo solicita un préstamo, el banco puede verificar su identidad a través de la blockchain de forma rápida y eficiente en lugar de recopilar y verificar manualmente la información de identificación personal.

La gestión de identidades en la blockchain también puede ayudar a prevenir el fraude al proporcionar una forma segura y confiable de verificar la identidad de un individuo. Por ejemplo, los bancos pueden usar la blockchain para verificar la identidad de un cliente antes de abrir una cuenta bancaria o procesar una transacción.

Sin dudas, la tecnología blockchain ofrece una forma segura y descentralizada de gestionar la identidad de un cliente en el sector financiero. Almacenar la información de identificación personal de forma descentralizada reduce el riesgo de robo de identidad y simplifica el proceso de verificación de identidad, lo que puede mejorar la eficiencia y seguridad en la banca.

En una oportunidad había sido contratado como consultor por un banco que quería mejorar su proceso de gestión de identidades y prevenir el fraude en sus operaciones.

Después de evaluar sus sistemas actuales, propuse una solución basada en tecnología blockchain. Primero, trabajamos juntos para establecer un protocolo de verificación de identidad, que incluyera la recolección de información personal del cliente, como su nombre, fecha de nacimiento, dirección y número de identificación.

Luego, utilizamos la tecnología blockchain para crear un registro descentralizado y seguro de identidades. En este registro, cada cliente tiene su propia "bóveda" en la que se almacenan sus datos de identidad encriptados con una clave única.

Además, creamos una red de nodos que validan y verifican la información de identidad en tiempo real. Cada vez que un cliente realiza una transacción, los nodos verifican su identidad en el registro de blockchain y confirman que es legítimo. Si la transacción parece sospechosa o hay algún tipo de error en la verificación, los nodos pueden alertar al banco para que tome medidas de seguridad adicionales.

Gracias a esta solución, el banco ahora tiene un sistema seguro y eficiente de gestión de identidades que ayuda a prevenir el fraude y garantiza la integridad de las transacciones. Los clientes también se benefician de una experiencia de verificación de identidad más fácil y rápida.

Otro uso potencial de la blockchain en la banca es la emisión de tokens de seguridad. Los tokens de seguridad son activos financieros que representan la propiedad o una participación en una empresa o activo subyacente, y pueden ser comprados y vendidos como valores en una bolsa de valores. La blockchain puede ser utilizada para emitir, transferir y registrar estos tokens de seguridad, lo que simplifica el proceso de compra y venta de activos financieros.

Los tokens de seguridad son una forma innovadora de representar activos financieros como valores en una bolsa de valores, lo que permite a los inversores comprar y vender participaciones en empresas o activos subyacentes de manera más eficiente y segura. La emisión de tokens de seguridad en la blockchain puede mejorar aún más esta solución al hacer que el proceso sea más transparente, seguro y eficiente.

En la emisión de tokens de seguridad, los activos financieros se emiten como tokens digitales en la blockchain, que luego se venden a los inversores en una oferta inicial de monedas (ICO) o a través de una bolsa de valores. Los tokens pueden ser comprados y vendidos libremente por los inversores en la bolsa de valores, lo que permite a los inversores obtener una participación en la empresa o activo subyacente sin tener que poseer físicamente el activo.

La emisión de tokens de seguridad en la blockchain también puede mejorar la seguridad y la eficiencia del proceso de compra y venta de activos financieros. Los tokens de seguridad son registrados en la blockchain, lo que significa que todas las transacciones son públicas y transparentes. Además, la tecnología blockchain permite la automatización de procesos, como la verificación de la identidad de los inversores y la transferencia de propiedad, lo que reduce los costos y los errores humanos.

Hace un tiempo, fui contratado como consultor por un banco que estaba buscando una forma de mejorar el proceso de emisión y negociación de activos financieros, específicamente, de tokens de seguridad. El objetivo era crear un sistema más eficiente y seguro para la emisión y negociación de estos activos.

Después de analizar varias opciones, les propuse la implementación de una plataforma basada en tecnología blockchain. Con esta plataforma, sería posible emitir y negociar tokens de seguridad en una red segura y descentralizada, lo que mejoraría significativamente la eficiencia y la transparencia del proceso.

Para comenzar, trabajamos en la creación de una

infraestructura segura y escalable que pudiera manejar la emisión y el comercio de tokens de seguridad. Después de implementar la plataforma, los clientes podrían comprar y vender los tokens en la bolsa de valores del banco, y toda la información relevante se registraría en la blockchain para garantizar la transparencia y la seguridad.

Para asegurarnos de que la plataforma cumpliera con los estándares regulatorios, trabajamos en conjunto con el departamento legal del banco para garantizar que todas las regulaciones fueran cumplidas. También realizamos pruebas exhaustivas de seguridad y realizamos auditorías de seguridad para asegurarnos de que la plataforma fuera robusta y resistente a posibles ataques.

Finalmente, después de varios meses de trabajo y pruebas, la plataforma fue lanzada con éxito. Los clientes ahora podían comprar y vender tokens de seguridad en la bolsa de valores del banco de manera rápida y eficiente, y todo el proceso se realizaba de forma transparente y segura gracias a la tecnología blockchain. El banco recibió una respuesta positiva de los clientes, quienes se mostraron muy satisfechos con la plataforma y su facilidad de uso.

Aunque la blockchain tiene el potencial de revolucionar la banca, todavía existen algunos obstáculos a superar, incluyendo la falta de regulación y la interoperabilidad. Sin embargo, muchos bancos y empresas de tecnología están trabajando juntos para desarrollar soluciones y superar estos desafíos.

Es cierto que la adopción de la blockchain en la banca no ha sido tan rápida como se esperaba debido a ciertos obstáculos que deben ser superados. Uno de ellos es la falta de regulación en muchos países, lo que puede generar incertidumbre en cuanto a la legalidad y seguridad de las transacciones basadas en blockchain. A pesar de esto, algunos países han avanzado en la creación de un marco regulatorio para la tecnología blockchain.

Por ejemplo, en Estados Unidos, la Comisión de Bolsa y Valores (SEC) ha emitido pautas claras sobre el uso de tokens de seguridad y ha establecido requisitos para las ofertas iniciales de monedas (ICO), lo que ha dado cierta seguridad jurídica a los inversionistas y emisores.

En Europa, países como Suiza y Malta han adoptado una actitud proactiva en cuanto a la regulación de la blockchain y las criptomonedas. Malta ha establecido un marco legal y regulatorio completo para las criptomonedas y las empresas basadas en blockchain, lo que ha atraído a muchas empresas a establecerse en el país.

En Asia, Japón ha establecido una regulación clara para las criptomonedas y ha otorgado licencias a varias empresas de intercambio de criptomonedas. Además, China ha iniciado el desarrollo de su propia moneda digital del banco central (CBDC), que se basa en la tecnología blockchain.

Una CBDC, o moneda digital del banco central, es una forma de dinero digital emitida y respaldada por el banco central de un país. A diferencia de las criptomonedas, que son descentralizadas y no están respaldadas por ninguna entidad central, las CBDCs son emitidas y respaldadas por los bancos centrales y están diseñadas para funcionar como una moneda fiduciaria tradicional. La tecnología blockchain se puede utilizar para la emisión, transferencia y registro de CBDCs, lo que puede mejorar la eficiencia y la transparencia del sistema financiero

Otro obstáculo a superar es la interoperabilidad, es decir, la capacidad de diferentes blockchains para comunicarse entre sí. Actualmente, existen muchas blockchains diferentes que utilizan protocolos y estándares diferentes, lo que dificulta la transferencia de información y activos entre ellas. Sin embargo, empresas de tecnología y bancos están trabajando juntos para desarrollar soluciones que permitan la interoperabilidad entre blockchains.

Por ejemplo, la plataforma de blockchain interbancaria de Japón, la Bolsa de Tokio[3] y la empresa de tecnología IBM®[4] están trabajando juntas en un proyecto de blockchain que permitirá la transferencia de activos entre blockchains diferentes.

En Europa, el Banco Santander[5] está desarrollando una solución de blockchain que permitirá la transferencia de dinero entre diferentes países y monedas.

En 2019, JPMorgan Chase® [6] lanzó su propia moneda digital llamada JPM Coin, que se utiliza para procesar pagos internos entre sus clientes corporativos. La moneda se basa en la tecnología blockchain y está diseñada para ser más rápida y segura que las transferencias bancarias tradicionales.

Mastercard®[7] ha estado trabajando en su propia plataforma blockchain desde 2017. La plataforma se utiliza para procesar pagos transfronterizos y simplificar el proceso de cumplimiento de las regulaciones contra el lavado de dinero y la financiación del terrorismo.

Ripple® [8] es una empresa que ha desarrollado una red de pagos basada en blockchain y una criptomoneda llamada XRP. La empresa trabaja con bancos y otras instituciones financieras para facilitar pagos internacionales más rápidos y económicos. Varios bancos, incluidos Santander y BBVA®[9] , han utilizado la tecnología de Ripple en sus propios sistemas de pago.

A pesar de los obstáculos, la adopción de la blockchain en la banca sigue avanzando, y muchos bancos y empresas de tecnología están trabajando juntos para desarrollar soluciones innovadoras que aprovechen al máximo el potencial de esta tecnología.

Claramente, la tecnología blockchain tiene el potencial de transformar la industria bancaria al mejorar la eficiencia, reducir los costos y aumentar la transparencia. A medida que la tecnología continúa evolucionando y se superan los desafíos, la blockchain se convertirá en una parte cada vez más importante de la infraestructura financiera global.

7 - LA SEGURIDAD Y LA PRIVACIDAD EN LA BANCA: CÓMO PROTEGER LOS DATOS DE LOS CLIENTES EN LA ERA DIGITAL

¡Bienvenidos al capítulo 7 de este libro sobre tecnología y finanzas! En este capítulo, hablaremos sobre un tema muy importante: ***la seguridad y privacidad de los datos de los clientes en la era digita***l. En un mundo donde la tecnología avanza a pasos agigantados, es crucial que la banca mantenga la confidencialidad y seguridad de la información de sus clientes.

La privacidad y la seguridad son dos conceptos íntimamente relacionados, pero diferentes. La privacidad se refiere al control que una persona tiene sobre su información personal, es decir, quién tiene acceso a ella y para qué se utiliza.

Por otro lado, la seguridad se enfoca en proteger la información de amenazas externas como el hackeo, la violación de datos y otras formas de ciberataques.

La banca tiene la responsabilidad de proteger los datos de sus clientes de manera efectiva y eficiente. A continuación, hablaremos de algunos de los principales riesgos y amenazas que pueden afectar la seguridad y privacidad en la banca y cómo se pueden mitigar.

Riesgos y Amenazas

Uno de los mayores riesgos a los que se enfrentan las instituciones financieras hoy en día es el ***ciberataque***. Los hackers utilizan diversas técnicas para penetrar en sistemas informáticos y robar información confidencial, incluyendo datos de tarjetas de crédito, información bancaria personal y contraseñas.

Un ciberataque es una violación malintencionada de la seguridad informática que compromete la integridad, confidencialidad o disponibilidad de los sistemas informáticos y los datos que contienen. Puede ser llevado a cabo por individuos o grupos de hackers, criminales organizados, naciones y otras entidades, y puede tener como objetivo una amplia gama de objetivos, desde la información personal y financiera hasta los sistemas de infraestructura crítica, como la energía, el transporte y la atención médica.

Los ciberataques son una amenaza creciente en la era digital, ya que cada vez más actividades comerciales y personales se llevan a cabo en línea. Los ciberdelincuentes utilizan una variedad de técnicas para llevar a cabo sus ataques, incluyendo malware, phishing, ingeniería social y ataques de fuerza bruta. Además, la proliferación de dispositivos conectados a Internet, conocidos como el Internet de las Cosas (IoT), ha creado nuevas vulnerabilidades que los atacantes pueden explotar.

El malware es un tipo de software malicioso diseñado para infiltrarse o dañar un sistema informático sin el conocimiento o el consentimiento del usuario. Puede ser utilizado por los ciberdelincuentes para obtener acceso no autorizado a sistemas o redes, robar información personal o financiera, instalar programas no deseados o controlar el sistema afectado.

El phishing es una técnica utilizada por los delincuentes para engañar a los usuarios y hacer que revelen información confidencial, como contraseñas, información de cuentas bancarias o datos personales. Los correos electrónicos de phishing parecen legítimos y a menudo imitan a empresas o organizaciones de confianza, pero en realidad son falsos y buscan engañar al destinatario para que haga clic en un enlace malicioso o proporcione información confidencial.

La ingeniería social es un método utilizado por los delincuentes para engañar a los usuarios y obtener información confidencial o acceso no autorizado a sistemas informáticos. Los delincuentes pueden utilizar tácticas como la manipulación psicológica, la persuasión o la intimidación para obtener la información que necesitan y déjame decirte en base a mi experiencia cuando tenía bajo mi responsabilidad la práctica de ciberseguridad de una importante Big4, que la ingeniería social siempre logra vulnerar.

Los ataques de fuerza bruta son una técnica de ataque en la que los delincuentes intentan adivinar una contraseña o clave de acceso mediante el uso de múltiples combinaciones de caracteres. Esta técnica puede ser muy efectiva si la contraseña es débil o si los usuarios utilizan la misma contraseña para varias cuentas. Hoy estos ataques se han hecho muy fuertes por la utilización de la IA.

Los ciberataques pueden tener graves consecuencias para las empresas y los consumidores. Pueden resultar en el robo de información personal y financiera, la interrupción de los servicios, el robo de propiedad intelectual y la degradación de la reputación de la empresa. Además, los ciberataques pueden ser costosos, tanto en términos financieros como en términos de tiempo y esfuerzo requeridos para recuperarse.

En la industria bancaria, los ciberataques son especialmente preocupantes debido a la cantidad de datos sensibles que los bancos manejan. Los clientes confían en los bancos para proteger su información personal y financiera, por lo que un ciberataque exitoso puede tener consecuencias desastrosas. Los bancos están especialmente interesados en proteger los datos de sus clientes, ya que la pérdida de confianza en la seguridad de los datos puede tener un impacto significativo en su negocio.

Por lo tanto, los bancos y otras instituciones financieras deben implementar medidas de seguridad sólidas para protegerse contra los ciberataques. Esto puede incluir la utilización de firewalls, la autenticación de dos factores, la encriptación de datos y la implementación de prácticas de seguridad de la información sólidas. Además, los bancos deben educar a sus empleados y clientes sobre las prácticas de seguridad adecuadas para reducir el riesgo de compromiso.

En última instancia, la seguridad y la privacidad son de suma importancia para la industria bancaria y los consumidores. Los ciberataques son una amenaza constante, por lo que los bancos deben estar constantemente vigilantes y tomar medidas proactivas para protegerse a sí mismos y a sus clientes. Al hacerlo, pueden construir la confianza y la lealtad de los clientes y garantizar que los servicios financieros puedan ser llevados a cabo de manera segura y eficiente en la era digital.

Otro riesgo importante es la fuga de información debido a errores humanos, como el envío de correos electrónicos a personas equivocadas o el acceso no autorizado a información sensible.

Una fuga de información, también conocida como brecha de seguridad o violación de datos, es un incidente en el que la información confidencial o privada se expone, roba o compromete de alguna manera. Esto puede incluir información personal de los clientes, datos financieros, secretos comerciales, propiedad intelectual, entre otros.

Las fugas de información pueden ocurrir por diversas razones, incluyendo la falta de medidas de seguridad adecuadas, errores humanos, vulnerabilidades en el software o ataques malintencionados. En muchos casos, los atacantes buscan obtener información valiosa para su propio beneficio, como el robo de identidad, el fraude financiero o el espionaje empresarial.

Cuando ocurre una fuga de información, los efectos pueden ser muy graves tanto para las empresas como para los individuos afectados. Puede resultar en pérdida de confianza y reputación, daño financiero, multas y sanciones, y potencialmente daños a la integridad personal o financiera de los afectados.

Para prevenir las fugas de información, es importante que las empresas establezcan medidas de seguridad efectivas y capaciten a su personal en la seguridad de la información. }

Esto puede incluir la implementación de medidas de autenticación sólidas, el cifrado de datos sensibles, la realización de pruebas de penetración y la supervisión continua de la red. También es fundamental tener un plan de respuesta en caso de una fuga de información, para poder actuar rápidamente y minimizar los daños.

También existe la amenaza del malware y los virus

informáticos que pueden infectar las redes informáticas de los bancos, causando daños y poniendo en peligro la privacidad y seguridad de los clientes. Por último, la banca debe estar alerta ante la posibilidad de fraude, ya sea interno o externo, que pueda afectar a la integridad y confidencialidad de la información de los clientes.

Déjame hablarte de una de las preocupaciones mas fuertes que encontramos en Latinoamérica: La suplantación de identidad, así es debes creerme esta es una de las mayores preocupaciones de seguridad en la banca digital.

Los ciberdelincuentes utilizan diversas técnicas para suplantar la identidad de un cliente y obtener acceso a su información personal y financiera. Una de las formas más comunes es a través del phishing, en el que los delincuentes envían correos electrónicos falsos que parecen ser de un banco legítimo, solicitando a los clientes que proporcionen información personal y financiera, como contraseñas o números de tarjeta de crédito.

Otra forma de suplantación de identidad es a través de la creación de sitios web falsos que parecen ser los sitios web oficiales de un banco. Los clientes pueden ser engañados para que ingresen sus credenciales de inicio de sesión y otra información personal y financiera, lo que permite a los delincuentes tomar el control de sus cuentas bancarias y realizar transacciones fraudulentas.

Para combatir la suplantación de identidad de clientes y de sitios web de banco, las instituciones financieras deben implementar medidas de seguridad robustas, como el uso de autenticación de múltiples factores (MFA) para el inicio de sesión en línea, la encriptación de datos sensibles y la verificación de la autenticidad de los correos electrónicos y sitios web. Los clientes también deben ser educados sobre cómo reconocer correos electrónicos y sitios web fraudulentos y cómo proteger su información personal y financiera.

Claramente, la suplantación de identidad de clientes y de sitios web de banco es un riesgo significativo para la seguridad en la banca digital. Las instituciones financieras y los clientes deben tomar medidas proactivas para prevenir estos tipos de ataques y proteger la información personal y financiera.

Medidas de Seguridad y Privacidad

Para proteger a los clientes y prevenir estos riesgos y amenazas, la banca necesita implementar una serie de medidas de seguridad y privacidad. En primer lugar, es necesario establecer políticas claras y estrictas de seguridad informática, que deben ser seguidas por todo el personal del banco. Esto incluye el uso de contraseñas fuertes y la educación constante del personal en cuestiones de seguridad.

La **criptografía** es una herramienta clave en la seguridad informática. La banca debe cifrar la información personal de los clientes para que sólo puedan ser descifrados por aquellos que tienen las claves de descifrado adecuadas. Además, se deben utilizar protocolos de seguridad como el Secure Sockets Layer (SSL) y el Transport Layer Security (TLS) para proteger las transacciones en línea y las comunicaciones entre el banco y los clientes.

La **autenticación** es otro factor clave en la seguridad informática. La banca debe implementar medidas de autenticación efectivas para garantizar que los clientes sean quienes dicen ser. Esto puede incluir la verificación de múltiples factores, como el uso de una contraseña, un token de seguridad físico o una huella digital.

La banca también debe tener en cuenta la **seguridad física** de la información, lo que significa proteger los dispositivos físicos y servidores que contienen datos sensibles.

Los bancos deben implementar medidas de seguridad adecuadas y seguir buenas prácticas en todo momento.

En primer lugar, los bancos deben asegurarse de que sus sistemas estén actualizados y sean seguros. Esto incluye el uso de firewalls, programas antivirus y antimalware, y la implementación de actualizaciones de seguridad regulares.

Además, los bancos deben realizar pruebas de penetración regulares para detectar vulnerabilidades en sus sistemas y corregirlas de inmediato.

No te preocupes, se que me puse muy técnico pero déjame ampliar rápidamente algunos conceptos:

Un **firewall** es un programa o dispositivo que actúa como una barrera entre una red privada (aquella que no se ve desde internet y es la interna del banco) y la red pública de Internet. Su función principal es filtrar el tráfico de red y bloquear los intentos no autorizados de acceso a la red privada, protegiéndola de posibles ataques.

Un **antivirus** es un programa diseñado para detectar, prevenir y eliminar virus informáticos. Funciona escaneando los archivos y programas en busca de patrones de código malicioso y alertando al usuario si se encuentra alguna amenaza.

Un **antimalware** es similar a un antivirus, pero su función es detectar y eliminar otros tipos de software malicioso, como spyware, adware y software de phishing.

Las **pruebas de vulnerabilidad** son evaluaciones que se realizan en una red o sistema informático para identificar posibles debilidades y brechas de seguridad. Estas pruebas se realizan para evaluar la seguridad del sistema y para identificar las posibles formas en que un atacante podría penetrar en él. Con esta información, se pueden tomar medidas proactivas para fortalecer la seguridad del sistema y prevenir ataques antes de que ocurran.

Ahora si continuemos, en segundo lugar, los bancos deben implementar autenticación multifactorial para proteger las cuentas de los clientes. Esto significa que se requiere más de una forma de autenticación para acceder a una cuenta, como un nombre de usuario, una contraseña y un código de verificación enviado a un dispositivo móvil del cliente. Esto dificulta que los ciberdelincuentes accedan a las cuentas de los clientes.

En tercer lugar, los bancos deben educar a sus clientes sobre cómo proteger sus datos personales y financieros. Esto puede incluir consejos sobre cómo crear contraseñas seguras, cómo detectar correos electrónicos fraudulentos y cómo evitar compartir información personal en línea. Los bancos pueden ofrecer recursos educativos en línea, seminarios web y folletos impresos para ayudar a los clientes a protegerse.

Además, los bancos deben monitorear sus sistemas en busca de actividades sospechosas y tomar medidas inmediatas si se detecta algún problema. Esto puede incluir la suspensión temporal de una cuenta, el bloqueo de una tarjeta de crédito o débito, o la notificación a las autoridades si se detecta un fraude grave.

Finalmente, los bancos deben tener planes de recuperación de desastres en caso de un ciberataque o una violación de datos. Esto incluye tener copias de seguridad de los datos de los clientes en un lugar seguro y una estrategia clara para restaurar los datos y sistemas afectados.

En resumen, la seguridad y la privacidad de los datos de los clientes son fundamentales para la banca en la era digital. Los bancos deben implementar medidas de seguridad adecuadas, educar a sus clientes y estar preparados para responder rápidamente a cualquier problema. Al hacerlo, pueden proteger a sus clientes y mantener su confianza en el largo plazo.

A continuación resumo las medidas de seguridad que pueden ser utilizadas para prevenir los temas discutidos anteriormente:

Autenticación de dos factores: La autenticación de dos factores (2FA) es una medida de seguridad que requiere que los clientes proporcionen dos formas de verificación para acceder a sus cuentas bancarias en línea. Generalmente, esto implica ingresar una contraseña y luego ingresar un código que se envía al teléfono móvil del usuario. Esta medida ayuda a prevenir el acceso no autorizado a cuentas bancarias, incluso si un atacante ha obtenido la contraseña del usuario.

Uso de contraseñas seguras: Las contraseñas seguras son aquellas que son difíciles de adivinar para los atacantes. Se recomienda a los clientes utilizar contraseñas largas y complejas que incluyan letras mayúsculas y minúsculas, números y caracteres especiales. Además, se debe instar a los clientes a no reutilizar las mismas contraseñas en múltiples cuentas.

Encriptación de datos: La encriptación es un proceso de codificación de información que se utiliza para proteger la información confidencial de los clientes, como los datos de la tarjeta de crédito, durante la transmisión en línea. Es importante que los bancos utilicen la encriptación de extremo a extremo para proteger la información de sus clientes.

Monitorización constante: Los bancos deben monitorear constantemente sus sistemas en busca de actividad sospechosa. Esto puede ayudar a detectar y prevenir ataques cibernéticos antes de que puedan causar un daño significativo.

Actualizaciones regulares del software: Los bancos deben asegurarse de que su software esté actualizado con las últimas versiones y parches de seguridad para evitar vulnerabilidades conocidas.

Capacitación de los empleados: Los bancos deben brindar capacitación regular a sus empleados sobre las mejores prácticas de seguridad cibernética y cómo detectar posibles amenazas. Los empleados también deben ser instruidos sobre cómo responder adecuadamente a las violaciones de seguridad.

Pruebas de penetración: Las pruebas de penetración son pruebas controladas de sistemas informáticos para evaluar su seguridad. Los bancos pueden utilizar pruebas de penetración para identificar posibles vulnerabilidades y tomar medidas para corregirlas antes de que puedan ser explotadas por atacantes.

Lista de acciones que se pueden tomar para protegerse contra ciberataque

Aquí te dejo una lista de acciones que se pueden tomar para protegerse contra ciberataques:

Mantener actualizado el software: Es importante mantener el software del sistema operativo y las aplicaciones actualizado, ya que las actualizaciones suelen incluir parches de seguridad que solucionan vulnerabilidades conocidas.

Utilizar contraseñas fuertes: Las contraseñas deben ser complejas, con una combinación de letras, números y caracteres especiales. Además, es importante no utilizar la misma contraseña para varias cuentas.

Utilizar autenticación de dos factores: La autenticación de dos factores añade una capa adicional de seguridad, ya que se necesita un segundo método de autenticación, como un código enviado a través de SMS o una aplicación de autenticación.

Utilizar software de seguridad: Un buen software de seguridad puede proteger el equipo contra virus, malware y otras amenazas. Además, es importante mantenerlo actualizado.

No abrir correos electrónicos sospechosos: Los correos electrónicos sospechosos pueden contener enlaces maliciosos o archivos adjuntos que pueden infectar el equipo con malware. Si no se conoce al remitente o si el correo electrónico parece sospechoso, es mejor no abrirlo.

Verificar la autenticidad de los sitios web: Los sitios web falsos pueden parecer legítimos, pero en realidad pueden ser una trampa para obtener información confidencial. Es importante verificar la URL del sitio web y asegurarse de que sea la correcta.

Utilizar redes WiFi seguras: Las redes WiFi públicas no son seguras y pueden ser un riesgo para la seguridad. Es importante utilizar una red WiFi segura o una VPN para navegar por Internet.

No compartir información personal en línea: Es importante no compartir información personal, como contraseñas o números de seguridad social, en línea. Además, es importante asegurarse de que los sitios web en los que se introduce información personal sean legítimos y seguros.

Realizar copias de seguridad de la información: Las copias de seguridad de la información importante pueden ser una forma de protegerse contra la pérdida de datos en caso de un ataque.

Mantenerse informado: Es importante estar al día con las últimas amenazas y tendencias de seguridad en línea para poder tomar medidas proactivas para protegerse.

Parezco un poco repetitivo, pero debes creerme. La receta es fácil, solo debes ser constante en aplicación y control de lo sugerido. Muchas veces allí se encuentran las fallas.

Para poder organizarte aquí hay una lista de algunos estándares y buenas prácticas que los bancos pueden utilizar como marco para mejorar su seguridad y privacidad en la era digital:

ISO/IEC 27001: Este estándar describe los requisitos para un Sistema de Gestión de Seguridad de la Información (SGSI). Está diseñado para ayudar a las organizaciones a establecer, implementar, mantener y mejorar continuamente la seguridad de la información.

PCI DSS: Este es el estándar de seguridad de datos de la industria de tarjetas de pago. Fue desarrollado por las principales compañías de tarjetas de crédito para establecer requisitos para la protección de los datos de los titulares de tarjetas.

NIST Cybersecurity Framework: Este es un marco de mejores prácticas de ciberseguridad desarrollado por el Instituto Nacional de Estándares y Tecnología (NIST) de EE. UU. Proporciona un conjunto de pautas, estándares y prácticas recomendadas para la gestión de riesgos de ciberseguridad.

OWASP Top Ten: Esta es una lista de las diez principales vulnerabilidades de seguridad web identificadas por la Open Web Application Security Project (OWASP). Es un recurso útil para las organizaciones que desean evaluar la seguridad de sus aplicaciones web.

SANS Institute: Esta organización ofrece una amplia variedad de cursos y certificaciones de seguridad informática, así como recursos gratuitos, como informes de investigación y boletines informativos.
CIS Controls: Este es un conjunto de controles de seguridad informática desarrollados por el Center for Internet Security (CIS). Están diseñados para ayudar a las organizaciones a mejorar su postura de seguridad de manera efectiva y eficiente.

GDPR: El Reglamento General de Protección de Datos (RGPD) de la UE establece requisitos para la protección de los datos personales de los ciudadanos de la UE. Es un marco importante para cualquier organización que maneje datos personales de clientes.

Ley de Protección de Datos Personales: Esta ley establece los requisitos para la recopilación, uso y divulgación de información personal en países como México, Argentina y Perú.

Ley de Protección de Datos Personales y la Ley de Protección de Datos Personales y Derechos Digitales: Estas leyes establecen los requisitos para la protección de los datos personales en España y Brasil, respectivamente.

Mejores Prácticas del Foro Económico Mundial: El Foro Económico Mundial ha desarrollado una serie de mejores prácticas de ciberseguridad para las empresas. Están diseñadas para ayudar a las organizaciones a mejorar su postura de seguridad de manera efectiva y eficiente.

8 - LA BANCA DEL FUTURO: ¿CÓMO SERÁ LA INDUSTRIA BANCARIA EN LOS PRÓXIMOS AÑOS?

El mundo de la banca está cambiando a un ritmo vertiginoso. Los avances tecnológicos están transformando la forma en que las personas interactúan con los bancos y cómo los bancos hacen negocios.

La banca del futuro se centrará en la experiencia del cliente, la innovación tecnológica y la capacidad de adaptación al cambio. En este capítulo, exploraremos las tendencias más importantes en la banca del futuro y cómo estas tendencias están cambiando la industria.

Una de las tendencias más importantes en la banca del futuro es la personalización de la experiencia del cliente. Los bancos están invirtiendo en tecnología de inteligencia artificial y aprendizaje automático para proporcionar a los clientes una experiencia de banca personalizada y sin fisuras. Los bancos también están utilizando datos y análisis para comprender mejor las necesidades de sus clientes y proporcionarles servicios personalizados que se ajusten a sus necesidades individuales.

Lo repito, la personalización de la experiencia del cliente es una de las tendencias más importantes en la banca del futuro. A medida que la tecnología continúa avanzando, los bancos están cambiando sus estrategias, reorganizando sus inversiones y mirando con atención la inteligencia artificial y aprendizaje automático, todo esto para mejorar la experiencia del cliente y proporcionar un servicio más personalizado.

La personalización de la experiencia del cliente no se trata solo de ofrecer productos y servicios personalizados. También se trata de proporcionar una experiencia bancaria integral y sin problemas que se adapte a las necesidades individuales de cada cliente. Esto significa que los bancos están implementando soluciones de tecnología avanzada para proporcionar a los clientes información en tiempo real, servicios personalizados y una mayor seguridad y privacidad.

Por ejemplo, los bancos están utilizando el análisis de datos para comprender mejor las necesidades y preferencias de sus clientes. Al hacerlo, pueden crear soluciones personalizadas para satisfacer las necesidades de cada cliente individualmente. Al conocer las preferencias del cliente, los bancos pueden ofrecer una gama de productos y servicios que se ajusten a sus necesidades específicas.

Otra forma en que los bancos están personalizando la experiencia del cliente es mediante la implementación de soluciones de aprendizaje automático y chatbots. Los chatbots pueden ayudar a los clientes a realizar transacciones bancarias simples y responder a preguntas frecuentes. Los chatbots también pueden proporcionar información en tiempo real y alertas personalizadas para cada cliente.

Sin dudas, la personalización de la experiencia del cliente es una tendencia crucial en la banca del futuro. Los bancos están invirtiendo en tecnología avanzada para comprender mejor las necesidades y preferencias de sus clientes, y ofrecer servicios personalizados que se adapten a cada cliente individualmente. Con soluciones de inteligencia artificial y aprendizaje automático, los bancos pueden proporcionar una experiencia bancaria sin problemas y personalizada que mejore la satisfacción del cliente y mejore la eficiencia del negocio.

Hoy puedo enumerarte muchos ejemplos, pero voy a contarte sobre 3 que están dando que hablar en la industria

Bank of America[10]: Esta entidad financiera ha desarrollado una plataforma llamada "*Erica*", que utiliza inteligencia artificial para proporcionar a los clientes una experiencia de banca personalizada y sin fisuras. Los clientes pueden hacer preguntas y recibir respuestas detalladas sobre sus cuentas, así como obtener recomendaciones personalizadas basadas en sus patrones de gastos. *Erica* también puede ayudar a los clientes a establecer metas financieras y proporcionarles información útil para ayudarles a alcanzarlas.

JPMorgan Chase[11]: El banco ha lanzado una aplicación móvil llamada "Finn by Chase" que está diseñada para brindar una experiencia de banca personalizada. La aplicación permite a los clientes establecer objetivos financieros, como ahorrar para un viaje o una compra importante, y proporciona herramientas para ayudar a los clientes a lograr sus objetivos. También ofrece recomendaciones personalizadas para tarjetas de crédito y ahorros, basadas en los patrones de gasto de los clientes.

Capital One[12]**:** La entidad financiera ha desarrollado una plataforma llamada "Capital One Cafés", que combina la experiencia de una cafetería con la banca personalizada. Los clientes pueden recibir asesoramiento financiero personalizado, asistir a talleres educativos y utilizar la tecnología de la banca en línea para realizar transacciones bancarias. Además, la compañía ha desarrollado una aplicación móvil que utiliza inteligencia artificial para proporcionar a los clientes recomendaciones personalizadas y herramientas para ayudarlos a administrar sus finanzas.

Otra tendencia importante es la movilidad. Los clientes esperan poder realizar transacciones bancarias en cualquier lugar y en cualquier momento. Los bancos están invirtiendo en aplicaciones móviles y tecnología de banca en línea para proporcionar a los clientes una experiencia de banca sin fisuras en sus dispositivos móviles.

Claramente la movilidad es otra tendencia importante en la banca del futuro, ya debes estar cansado de escuchar mobile first en las conversaciones con tu equipo de tecnología y esto es porque cada vez más personas están usando sus dispositivos móviles para realizar transacciones bancarias y gestionar sus finanzas. Esto se debe en parte a la conveniencia y accesibilidad que ofrece la banca móvil, pero también a la creciente confianza en la seguridad de las transacciones realizadas a través de dispositivos móviles.

En el futuro, se espera que la movilidad en la banca evolucione aún más. Los bancos están invirtiendo en tecnología móvil avanzada, como la autenticación biométrica y la inteligencia artificial, para mejorar la seguridad y la eficiencia de las transacciones móviles. Además, la tecnología 5G permitirá una mayor velocidad y capacidad de procesamiento, lo que mejorará aún más la experiencia del usuario en la banca móvil.

Aquí te presento tres ejemplos reales de cómo los bancos más modernos están utilizando la movilidad para brindar mejores servicios a sus clientes:

Nubank[13]: Este banco brasileño es uno de los líderes en el uso de tecnología móvil para ofrecer servicios bancarios. Su aplicación móvil permite a los clientes realizar operaciones bancarias como transferencias, pagos y depósitos, y también proporciona una tarjeta de crédito virtual que se puede utilizar para compras en línea. Además, la aplicación ofrece una experiencia personalizada y simplificada para los usuarios, con un diseño intuitivo y fácil de usar.
Monzo[14]: Este banco británico ha sido uno de los pioneros en la banca móvil, ofreciendo una experiencia de usuario simple y personalizada a través de su aplicación. Los clientes pueden abrir una cuenta bancaria en línea en minutos y realizar transacciones en tiempo real a través de la aplicación. También ofrece herramientas de seguimiento de gastos y presupuesto personalizadas, que ayudan a los clientes a mantener sus finanzas bajo control.

Chime[15]: Este banco estadounidense se enfoca en brindar una experiencia de usuario sencilla y sin cargos ocultos a través de su aplicación móvil. Los clientes pueden realizar transacciones bancarias en tiempo real, establecer metas de ahorro personalizadas y recibir alertas de gastos excesivos. Además, la aplicación ofrece una opción de "adelanto de salario" que permite a los clientes acceder a una parte de su salario antes del día de pago.

Imaginemos que soy un experto en tecnología y me han contratado para mejorar la movilidad de un banco ficticio llamado "Banco del Futuro". Después de una exhaustiva evaluación, he identificado varias áreas en las que el banco puede mejorar su oferta móvil para brindar una experiencia más atractiva a los clientes.

Mi primera recomendación para el Banco del Futuro sería desarrollar una aplicación móvil con una interfaz de usuario fácil de usar y una navegación intuitiva. La aplicación debe ser compatible con todas las plataformas móviles populares, como iOS y Android, y debe permitir a los clientes acceder a sus cuentas bancarias, realizar transacciones, consultar sus saldos y acceder a otros servicios financieros.

Además, propondría la incorporación de tecnología de autenticación biométrica para proporcionar un nivel adicional de seguridad a los clientes. La autenticación biométrica utiliza características únicas del usuario, como su huella dactilar o reconocimiento facial, para verificar su identidad y autorizar transacciones. Esto brinda a los clientes la tranquilidad de saber que sus cuentas están protegidas contra el fraude y los ciberataques.

Por último, sugiero la implementación de una plataforma de chatbot para que los clientes puedan interactuar con el banco de manera más eficiente. Los chatbots pueden ayudar a los clientes a realizar transacciones bancarias simples, responder preguntas frecuentes y proporcionar actualizaciones de cuenta. Esta tecnología también puede ayudar al banco a mejorar la eficiencia y reducir los costos al permitir que los clientes realicen transacciones simples sin la necesidad de interactuar con un agente de servicio al cliente.

Al implementar estas soluciones tecnológicas, creo que el Banco del Futuro podría mejorar significativamente su oferta móvil y brindar a los clientes una experiencia más atractiva y eficiente en sus transacciones bancarias.

Otra tendencia emergente en la movilidad bancaria es la

integración de dispositivos móviles en la experiencia de la sucursal física. Los bancos están explorando formas de permitir que los clientes realicen transacciones móviles en las sucursales, utilizando dispositivos móviles para escanear códigos QR o NFC y realizar pagos sin tener que interactuar con un cajero. Esto puede mejorar la eficiencia y reducir los tiempos de espera en las sucursales.

Además, la movilidad también está impulsando el desarrollo de nuevas formas de pago, como las billeteras móviles y los pagos personales entre pares. Las billeteras móviles permiten a los clientes almacenar información de pago y realizar transacciones en línea y en tiendas físicas. Los pagos personales entre pares permiten a los clientes enviar y recibir dinero directamente entre sí, sin tener que pasar por un banco o una institución financiera.

Las billeteras móviles, también conocidas como monederos electrónicos o billeteras digitales, son aplicaciones móviles que permiten a los usuarios almacenar, enviar y recibir dinero de manera segura y conveniente. Estas aplicaciones utilizan tecnología de cifrado avanzada para proteger la información de los usuarios y ofrecen múltiples capas de seguridad, como la autenticación de dos factores, para evitar el fraude y el robo.

Existen diferentes tipos de billeteras móviles, como las de marca compartida, que se ofrecen en colaboración con bancos o empresas de tarjetas de crédito, y las independientes, que pueden ser descargadas directamente por los usuarios. Algunas billeteras móviles también pueden ser utilizadas para almacenar y gestionar otros tipos de información, como tarjetas de fidelización y cupones.

A continuación, te presentó algunos ejemplos de billeteras móviles populares:

PayPal[16]: Este servicio de pagos en línea también ofrece una billetera móvil que permite a los usuarios enviar y recibir pagos, pagar en tiendas y sitios web en línea y gestionar su saldo en línea.

Venmo[17]: Esta aplicación de propiedad de PayPal permite a los usuarios enviar y recibir dinero de forma gratuita y fácilmente dividir gastos entre amigos.
Google Pay[18]: La billetera móvil de Google permite a los usuarios almacenar tarjetas de crédito y débito, enviar y recibir dinero y pagar en tiendas y sitios web.

Apple Pay[19]: La billetera móvil de Apple permite a los usuarios realizar pagos móviles en tiendas y sitios web, enviar y recibir dinero y almacenar tarjetas de crédito y débito.

WeChat Pay[20]: Esta aplicación de billetera móvil es extremadamente popular en China y permite a los usuarios enviar y recibir dinero, pagar en tiendas y sitios web, y almacenar tarjetas de fidelización y cupones.

Un modelo de billetera móvil podría ser el siguiente:

Registro y verificación: Los usuarios deben registrarse en la aplicación y proporcionar información básica, como su nombre, dirección de correo electrónico y número de teléfono. También deberán verificar su identidad, proporcionando un documento de identidad y una foto.

Añadir y verificar tarjetas: Los usuarios pueden agregar y verificar tarjetas de crédito y débito en la aplicación, lo que les permite utilizar la billetera móvil para realizar pagos en tiendas y sitios web.

Enviar y recibir pagos: Los usuarios pueden enviar y recibir dinero a través de la aplicación utilizando una dirección de correo electrónico o número de teléfono.

Gestionar el saldo: Los usuarios pueden ver su saldo en la aplicación, así como realizar depósitos y retiros.
Seguridad y privacidad: La aplicación debe proporcionar medidas de seguridad y privacidad para proteger la información del usuario, como la autenticación de dos factores y el cifrado de datos.

Sin lugar a dudas, las billeteras móviles son una forma conveniente y segura de gestionar el dinero y hacer pagos en línea y en tiendas físicas. Con la creciente popularidad de los pagos móviles, es probable que el uso de billeteras móviles continúe aumentando en los próximos años.

Además, es posible que veamos una mayor integración de tecnologías como la inteligencia artificial y la biometría para mejorar aún más la seguridad y la experiencia del usuario.

Algunas de las billeteras móviles más populares en el mercado actual incluyen Apple Pay, Google Pay, Samsung Pay, PayPal, Venmo y Zelle[21], cada una con su propio conjunto de características y ventajas.

En cuanto a los modelos de negocio de las billeteras móviles, algunos operan como empresas independientes que generan ingresos a través de comisiones por transacciones y tarifas por servicios adicionales, mientras que otros están integrados con empresas de tecnología o instituciones financieras y generan ingresos a través de acuerdos de colaboración.

En definitiva, las billeteras móviles están transformando la forma en que los consumidores realizan transacciones y administran su dinero. A medida que la tecnología continúa avanzando y las demandas de los consumidores evolucionan, es probable que veamos un mayor crecimiento en este sector y una mayor innovación en la forma en que se prestan los servicios financieros.

Podemos asegurar que la movilidad es una tendencia importante en la banca del futuro y se espera que continúe evolucionando. Los bancos están invirtiendo en tecnología móvil avanzada para mejorar la seguridad y la eficiencia de las transacciones móviles, así como para integrar la experiencia móvil en la experiencia de la sucursal física.

Además, la movilidad está impulsando el desarrollo de nuevas formas de pago, como las billeteras móviles y los pagos personales entre pares.

Un ejemplo de la tendencia de movilidad en la banca del futuro es el banco digital neerlandés Bunq[22], que ha desarrollado una aplicación móvil que permite a los clientes realizar transacciones bancarias desde cualquier lugar y en cualquier momento. La aplicación utiliza tecnología de seguridad avanzada, como la autenticación biométrica, para garantizar la seguridad de las transacciones. Además, Bunq ha integrado la experiencia móvil en la experiencia de la sucursal física, permitiendo a los clientes utilizar sus dispositivos móviles para escanear códigos QR y realizar pagos en las sucursales. Esto ha mejorado la eficiencia y la comodidad de la experiencia del cliente en la sucursal física.

La seguridad también sigue siendo una preocupación importante para la banca del futuro. Los bancos están invirtiendo en tecnología de seguridad avanzada, como el reconocimiento facial y la autenticación biométrica, para proteger la información de los clientes y garantizar la privacidad de sus datos.

La banca del futuro también será cada vez más global. Las empresas y los individuos realizarán transacciones internacionales con más frecuencia, lo que significa que los bancos deberán adaptarse a un entorno cada vez más globalizado. La tecnología blockchain, como hemos nombrado anteriormente,, podría ser utilizada para simplificar los procesos de pago transfronterizo y reducir el costo de las transacciones.

La inteligencia artificial y el aprendizaje automático también están cambiando la forma en que los bancos toman decisiones. Los bancos están utilizando estos avances tecnológicos para analizar grandes cantidades de datos y proporcionar información en tiempo real a los clientes. También están utilizando la inteligencia artificial para tomar decisiones en tiempo real sobre préstamos y otros servicios financieros.

Además, la banca del futuro será cada vez más sostenible y centrada en la responsabilidad social. Los bancos están trabajando para reducir su huella de carbono y contribuir a la lucha contra el cambio climático. También están desarrollando productos financieros y servicios que promueven la sostenibilidad y la responsabilidad social.

La banca del futuro será impulsada por la personalización, la movilidad, la seguridad, la globalización, la inteligencia artificial, la sostenibilidad y la responsabilidad social.

Los bancos que se adapten a estas tendencias y utilicen la tecnología de manera efectiva estarán en una posición sólida para prosperar en el futuro. La banca del futuro será más accesible, más personalizada y más sostenible que nunca, y los clientes se beneficiarán enormemente de estos avances.

9 - LA TRANSFORMACIÓN DIGITAL EN LOS BANCOS TRADICIONALES: CÓMO ADAPTARSE Y COMPETIR CON LAS FINTECH

La transformación digital está cambiando la forma en que los bancos tradicionales operan. Los avances tecnológicos y la creciente demanda de servicios financieros en línea han llevado a una disminución en las visitas a sucursales bancarias y un aumento en el uso de aplicaciones móviles y sitios web bancarios. La digitalización también ha permitido la entrada de nuevas empresas fintech en el mercado, lo que ha creado una competencia cada vez más dura para los bancos tradicionales.

Si bien la transformación digital puede parecer abrumadora para algunos bancos tradicionales, es esencial adaptarse para mantenerse competitivos. En este capítulo, exploraremos cómo los bancos tradicionales pueden adaptarse a la transformación digital y competir con las fintech.

Entender las necesidades de los clientes

El primer paso para cualquier banco tradicional que busque adaptarse a la transformación digital es entender las necesidades y expectativas de sus clientes. Los clientes ahora esperan una experiencia bancaria rápida y conveniente que les permita realizar transacciones en cualquier momento y lugar. Esto significa que los bancos tradicionales deben desarrollar una estrategia digital que se centre en la experiencia del cliente.

Para hacerlo, los bancos deben comenzar por recopilar datos sobre el comportamiento de sus clientes en línea y móvil. Esto les permitirá identificar los servicios más utilizados y los puntos problemáticos en la experiencia del cliente. Al comprender las necesidades de los clientes, los bancos pueden crear una experiencia bancaria personalizada y mejorar la satisfacción del cliente.

Entender las necesidades de los clientes es un proceso crucial para cualquier banco tradicional que busque adaptarse a la transformación digital. Para ello, los bancos pueden utilizar diversas herramientas como encuestas, análisis de datos y focus groups, entre otros, para recopilar información sobre el comportamiento de sus clientes.

Un ejemplo de banco que ha logrado entender las necesidades de sus clientes es BBVA. En su estrategia digital, BBVA ha utilizado la inteligencia artificial y el análisis de datos para entender mejor las necesidades y comportamiento de sus clientes. A través de su aplicación móvil, BBVA puede ofrecer a sus clientes recomendaciones personalizadas basadas en sus hábitos de gasto y preferencias de inversión.

Otro ejemplo es JP Morgan Chase, que ha invertido en la creación de un equipo de experiencia del cliente para entender mejor las necesidades de sus clientes. Este equipo se enfoca en comprender las necesidades de los clientes y diseñar soluciones para mejorar la experiencia del cliente.

Es importante destacar que entender las necesidades de los clientes no solo implica recopilar datos, sino también tener una mentalidad de empatía hacia los clientes y entender sus necesidades emocionales. Un ejemplo de esto es Capital One, que ha creado una plataforma de inteligencia emocional para entender mejor las necesidades emocionales de sus clientes y ofrecer soluciones personalizadas.

Entender las necesidades de los clientes es un paso fundamental en la transformación digital de los bancos tradicionales. Al comprender las necesidades y expectativas de los clientes, los bancos pueden diseñar una experiencia bancaria personalizada y mejorar la satisfacción del cliente.

Desarrollar una estrategia digital

Desarrollar una estrategia digital sólida es fundamental para cualquier banco tradicional que busque competir con las fintech. Una estrategia digital bien diseñada debe centrarse en la experiencia del cliente, la eficiencia operativa y la rentabilidad. Debe incluir objetivos claros, indicadores clave de rendimiento y un plan de acción detallado.

Para desarrollar una estrategia digital sólida, los bancos deben considerar las necesidades y expectativas de los clientes, la tecnología disponible y la competencia en el mercado. También deben considerar la cultura organizacional y la capacitación del personal en tecnología.

Uno de los primeros pasos para desarrollar una estrategia digital sólida es identificar los canales digitales que los clientes utilizan con más frecuencia. Por ejemplo, si los clientes prefieren realizar transacciones bancarias a través de sus dispositivos móviles, el banco debería priorizar el desarrollo de una aplicación móvil fácil de usar y segura. Además, el banco debe estar al tanto de las tendencias emergentes en tecnología, como la inteligencia artificial y la automatización, y considerar cómo pueden aplicarse a su modelo de negocio.

Otro aspecto importante en el desarrollo de una estrategia digital es la capacidad de personalizar la experiencia del cliente. Al analizar los datos del comportamiento del cliente, los bancos pueden adaptar la experiencia bancaria a las necesidades y preferencias de cada cliente individual. Por ejemplo, un banco podría ofrecer recomendaciones personalizadas de productos financieros o una experiencia de banca móvil personalizada basada en los patrones de gasto y ahorro del cliente.

Además, una estrategia digital sólida debe tener en cuenta la seguridad y privacidad de los datos del cliente. Los bancos deben asegurarse de que los datos de los clientes estén protegidos por medidas de seguridad de última generación y que se sigan las regulaciones relevantes en materia de privacidad.

Un ejemplo de un banco que ha implementado una estrategia digital sólida es BBVA. En 2015, BBVA lanzó su iniciativa "BBVA en tu bolsillo" que se centró en el desarrollo de una aplicación móvil para mejorar la experiencia bancaria de los clientes. La aplicación permite a los clientes realizar transacciones bancarias, acceder a servicios financieros, recibir notificaciones personalizadas y controlar sus gastos en tiempo real. BBVA también ha invertido en tecnología emergente como la inteligencia artificial para mejorar la personalización de la experiencia del cliente y la seguridad de los datos.

El desarrollo de una estrategia digital sólida es fundamental para que los bancos tradicionales compitan con las fintech. Al considerar las necesidades del cliente, la tecnología disponible y la competencia en el mercado, los bancos pueden diseñar una estrategia que ofrezca una experiencia bancaria personalizada, eficiente y segura.

Adoptar tecnologías emergentes

Los bancos tradicionales deben estar al día con las últimas tecnologías emergentes para competir con las fintech. La inteligencia artificial, la blockchain, la nube y la analítica de datos son solo algunas de las tecnologías que los bancos pueden adoptar para mejorar la eficiencia operativa y la experiencia del cliente.

La inteligencia artificial puede ayudar a los bancos a ofrecer una experiencia de servicio al cliente personalizada y mejorar la eficiencia operativa mediante la automatización de procesos. La blockchain puede ayudar a los bancos a mejorar la seguridad y la transparencia en las transacciones financieras. La nube puede ayudar a los bancos a reducir los costos y aumentar la flexibilidad. La analítica de datos puede ayudar a los bancos a comprender mejor las necesidades de los clientes y mejorar la toma de decisiones.

Además de las tecnologías mencionadas, también es importante que los bancos adopten tecnologías móviles y de pago sin contacto para mejorar la experiencia del cliente. Las aplicaciones móviles pueden permitir a los clientes realizar transacciones en cualquier momento y lugar, lo que aumenta la satisfacción del cliente. Los pagos sin contacto también son cada vez más populares entre los consumidores y los bancos deben estar al día con esta tecnología para no quedarse atrás.

Una opción más futurista e innovadora para los bancos tradicionales es la implementación de tecnologías de realidad virtual y aumentada. Esto podría permitir a los clientes tener una experiencia bancaria completamente inmersiva, con la posibilidad de interactuar con los productos y servicios de manera virtual. También podría permitir a los bancos ofrecer servicios bancarios a través de dispositivos de realidad virtual o aumentada, como gafas o cascos. Por ejemplo, un cliente podría usar gafas de realidad virtual para ingresar a una sucursal bancaria virtual y realizar transacciones bancarias de manera totalmente inmersiva.

El metaverso es una tendencia emergente que ha cobrado mucha relevancia en la última década, especialmente con el auge de los videojuegos y la realidad virtual. Los bancos también están empezando a explorar el potencial del metaverso para mejorar la experiencia del cliente y llegar a nuevos mercados.

Un ejemplo de cómo un banco puede usar el metaverso es creando una sucursal virtual en un mundo virtual. En esta sucursal virtual, los clientes pueden interactuar con representaciones digitales de empleados bancarios y acceder a información sobre productos y servicios. Los clientes pueden realizar transacciones en línea, incluso en un entorno 3D inmersivo y personalizado.

Otro ejemplo es el uso del metaverso para eventos y seminarios web. Los bancos pueden organizar eventos virtuales en el metaverso, lo que les permite llegar a una audiencia global en un entorno inmersivo y personalizado. Los clientes pueden interactuar con representaciones digitales de expertos en finanzas y participar en discusiones en línea en tiempo real.

A medida que la tecnología continúa avanzando, el metaverso podría convertirse en una parte cada vez más importante de la estrategia digital de los bancos, brindando oportunidades innovadoras para mejorar la experiencia del cliente y expandir su alcance en el mundo digital.

Esta tecnología aún se encuentra en desarrollo, pero podría ser una opción interesante para los bancos tradicionales que buscan destacarse en la era digital.

Un ejemplo de un banco que ha adoptado tecnologías emergentes es JP Morgan Chase. Han desarrollado un asistente virtual impulsado por inteligencia artificial llamado COiN[23] que puede automatizar el proceso de revisión de contratos y acelerar el tiempo de procesamiento. También han lanzado su propia criptomoneda llamada JPM Coin[24] basada en la tecnología blockchain para facilitar las transacciones entre clientes corporativos. Estos son solo algunos ejemplos de cómo los bancos pueden aprovechar las tecnologías emergentes para mejorar su eficiencia y experiencia del cliente.

Colaborar con fintech

Los bancos tradicionales pueden colaborar con fintech para mejorar la experiencia del cliente y la eficiencia operativa. Los bancos pueden adquirir fintech para ampliar sus ofertas de servicios digitales y tecnología, o pueden colaborar con ellos mediante asociaciones estratégicas y acuerdos de licencia de tecnología.

Por ejemplo, JPMorgan Chase se asoció con OnDeck, una fintech que ofrece préstamos en línea a pequeñas empresas, para mejorar su oferta de préstamos en línea. Goldman Sachs adquirió Clarity Money, una fintech que ofrece una aplicación de gestión de finanzas personales, para mejorar su oferta de banca digital.

Otra forma en que los bancos pueden colaborar con fintech es mediante acuerdos de licencia de tecnología. Esto les permite a los bancos aprovechar la tecnología de la fintech para mejorar sus propias operaciones y ofrecer mejores servicios a sus clientes. Por ejemplo, BBVA Compass se asoció con Dwolla, una fintech que ofrece una plataforma de pagos en línea, para mejorar sus servicios de pagos.

La colaboración con fintech también puede ayudar a los bancos a mantenerse actualizados con las últimas tendencias tecnológicas y a adaptarse rápidamente a los cambios en el mercado. Esto es especialmente importante a medida que la competencia de las fintech continúa aumentando y los consumidores demandan servicios bancarios más rápidos y convenientes.

La colaboración con fintech no solo puede mejorar la experiencia del cliente y la eficiencia operativa, sino que también puede ayudar a los bancos a ampliar su base de clientes y alcanzar nuevos mercados. Por ejemplo, BBVA se asoció con Uber para ofrecer cuentas bancarias y préstamos a los conductores de

Uber en México. Esta colaboración les permitió a los conductores acceder a servicios bancarios de manera más fácil y conveniente, mientras que BBVA pudo ampliar su base de clientes y aumentar su presencia en el mercado mexicano.

Otro ejemplo de colaboración entre bancos y fintech es la asociación entre Bank of America y Betterment[25], una fintech que ofrece servicios de gestión de inversiones. Bank of America ofreció a sus clientes la opción de vincular sus cuentas con Betterment, lo que les permitió acceder a una plataforma de inversión automatizada y servicios de asesoramiento financiero personalizado. Esta asociación les permitió a los clientes de Bank of America acceder a una oferta más amplia de servicios de inversión, mientras que Betterment pudo ampliar su base de clientes y llegar a un público más amplio.

La colaboración con fintech puede ser una estrategia efectiva para que los bancos tradicionales se mantengan al día con las últimas tendencias tecnológicas y ofrezcan servicios bancarios más rápidos, convenientes y personalizados a sus clientes.

Implementar una cultura de innovación

Para que los bancos tradicionales puedan transformarse digitalmente, también deben adoptar una cultura de innovación y experimentación. Esto significa permitir el fracaso y fomentar la creatividad y la colaboración en toda la organización.

Un enfoque innovador puede ayudar a los bancos a desarrollar nuevos productos y servicios que satisfagan las necesidades cambiantes de los clientes y mejoren la eficiencia operativa. También puede ayudar a los bancos a mantenerse al día con las últimas tendencias tecnológicas y a anticipar las futuras necesidades del mercado.

Además, los bancos deben estar dispuestos a experimentar con nuevas tecnologías y modelos de negocio. Esto puede incluir la inversión en startups fintech y la colaboración con empresas emergentes para desarrollar soluciones innovadoras

Para implementar una cultura de innovación, los bancos pueden adoptar prácticas como la creación de equipos de innovación dedicados, la organización de sesiones de lluvia de ideas regulares y la participación en eventos y conferencias de tecnología, la organización de hackathons para fomentar la creatividad y la colaboración.

Además, para implementar una cultura de innovación, es fundamental que la alta dirección de los bancos esté comprometida y promueva activamente el cambio. Los líderes deben establecer una visión clara y comunicarla de manera efectiva a toda la organización, asegurándose de que todos comprendan la importancia de la innovación y se sientan motivados para contribuir a ella.

Un ejemplo de un banco que ha adoptado una cultura de innovación es BBVA. La entidad ha creado un equipo de innovación interno llamado BBVA Innovation Center que trabaja en proyectos y experimentos que buscan crear soluciones que mejoren la experiencia del cliente y la eficiencia operativa. También ha organizado una serie de eventos de innovación como el BBVA Open Talent, que busca atraer y apoyar a startups fintech con soluciones innovadoras.

Claramente, implementar una cultura de innovación es esencial para la transformación digital de los bancos tradicionales. La innovación puede ayudar a los bancos a desarrollar nuevos productos y servicios, mejorar la eficiencia operativa y anticipar las futuras necesidades del mercado. Para lograrlo, es necesario que los líderes estén comprometidos, se permita el fracaso y se fomente la creatividad y la colaboración en toda la organización.

Invertir en seguridad cibernética

A medida que los bancos tradicionales se transforman digitalmente y aumentan su presencia en línea, también se vuelven más vulnerables a las amenazas de seguridad cibernética. Es fundamental que los bancos inviertan en seguridad cibernética para proteger los datos confidenciales de los clientes y garantizar la integridad de sus sistemas.

Los bancos deben implementar políticas y procedimientos de seguridad cibernética sólidos, así como tecnologías de seguridad avanzadas, como la autenticación de múltiples factores y la inteligencia artificial. También deben educar a los empleados y clientes sobre las mejores prácticas de seguridad cibernética y ofrecer capacitación regular sobre el tema.

Además, los bancos pueden considerar la adquisición de startups de seguridad cibernética o la colaboración con empresas especializadas en seguridad cibernética para mejorar su capacidad de proteger sus sistemas y datos.

La inversión en seguridad cibernética es una necesidad crítica para los bancos tradicionales en la era digital, ya que las amenazas cibernéticas se vuelven cada vez más sofisticadas y persistentes. Al invertir en seguridad cibernética, los bancos pueden proteger los datos confidenciales de sus clientes, evitar interrupciones en sus servicios y salvaguardar su reputación.

Para implementar políticas y procedimientos sólidos de seguridad cibernética, los bancos deben considerar la implementación de marcos de seguridad cibernética reconocidos internacionalmente, como el Marco de Seguridad Cibernética del NIST, u otros ya nombrados anteriormente en este libro.

También deben incorporar tecnologías avanzadas de seguridad cibernética, como la autenticación de múltiples factores y la inteligencia artificial, para detectar y mitigar amenazas cibernéticas en tiempo real.

La educación y la capacitación también son fundamentales para la seguridad cibernética. Los bancos pueden proporcionar capacitación regular a sus empleados y clientes sobre cómo detectar y prevenir amenazas cibernéticas, así como promover una cultura de seguridad cibernética en toda la organización.

Además, los bancos pueden considerar la adquisición de startups de seguridad cibernética para mejorar su capacidad de proteger sus sistemas y datos, o la colaboración con empresas especializadas en seguridad cibernética para obtener soluciones más avanzadas y personalizadas. Por ejemplo, Citigroup adquirió la startup de seguridad cibernética Red Balloon en 2019 para mejorar su capacidad de detectar y mitigar amenazas cibernéticas en tiempo real.

Invertir en seguridad cibernética es crucial para los bancos tradicionales en la era digital. Al implementar políticas y procedimientos sólidos, tecnologías avanzadas y educación y capacitación para empleados y clientes, los bancos pueden proteger sus datos confidenciales, garantizar la continuidad del negocio y mantener la confianza de los clientes en su marca.

Adoptar un enfoque centrado en el cliente y visión 360°

Para tener éxito en la transformación digital, los bancos tradicionales deben adoptar un enfoque centrado en el cliente en todas sus operaciones y decisiones. Esto significa comprender las necesidades y deseos de los clientes y diseñar productos y servicios que

satisfagan esas necesidades de manera efectiva. Los bancos pueden usar técnicas de diseño centrado en el cliente, como entrevistas y encuestas, para recopilar información sobre lo que los clientes quieren y necesitan.

Además, los bancos deben hacer que sus productos y servicios sean más accesibles y fáciles de usar para los clientes. Esto puede incluir la implementación de aplicaciones móviles fáciles de usar, servicios de atención al cliente en línea y herramientas de banca en línea intuitivas. La simplificación de procesos y la eliminación de trámites burocráticos también pueden ayudar a mejorar la experiencia del cliente.

Es importante destacar que la implementación de un enfoque centrado en el cliente no solo beneficia a los clientes, sino que también puede mejorar la eficiencia operativa del banco. Al comprender mejor las necesidades de los clientes, los bancos pueden enfocarse en los productos y servicios que realmente importan, reducir costos y aumentar la lealtad del cliente.

Adoptar un enfoque centrado en el cliente no solo se trata de ofrecer productos y servicios que satisfagan las necesidades de los clientes, sino también de construir relaciones sólidas con ellos. Los bancos deben ser proactivos en la búsqueda de feedback de los clientes y estar dispuestos a realizar mejoras y cambios en función de esos comentarios.

Un ejemplo de cómo los bancos están adoptando un enfoque

centrado en el cliente es a través de la personalización de productos y servicios. Por ejemplo, algunos bancos están utilizando datos de clientes para ofrecer recomendaciones personalizadas sobre inversiones y productos financieros que puedan ser de interés para ellos. Otros bancos están implementando sistemas de análisis de datos avanzados para identificar tendencias y patrones de comportamiento de los clientes, lo que les permite mejorar la eficacia de su marketing y publicidad.

La adopción de un enfoque centrado en el cliente también es importante para tener una visión 360 real del cliente. Los bancos pueden utilizar técnicas de análisis de datos avanzados para integrar información de múltiples canales de interacción con el cliente, incluyendo sus transacciones bancarias, interacciones en redes sociales y otros comportamientos en línea y fuera de línea. Esto les permite comprender mejor a sus clientes y adaptar sus productos y servicios en consecuencia.

Una visión 360 se refiere a una comprensión completa y detallada de los clientes, sus necesidades, sus comportamientos y su relación con el banco en todos los puntos de contacto. Al adoptar un enfoque centrado en el cliente, los bancos deben tener una visión 360 de sus clientes para poder brindarles una experiencia excepcional.

Para lograr una visión 360, los bancos pueden recopilar y analizar datos de múltiples fuentes, incluyendo transacciones de cuenta, interacciones de servicio al cliente, información demográfica y comportamiento en línea. Esta información se puede utilizar para crear perfiles de clientes más detallados, lo que permite a los bancos personalizar su oferta y mejorar la experiencia del cliente.

La tecnología también puede ayudar a los bancos a obtener una visión 360 de sus clientes. La inteligencia artificial, el aprendizaje automático y el análisis de big data pueden ayudar a los bancos a identificar patrones en el comportamiento del cliente, lo que les permite anticipar sus necesidades y ofrecer soluciones personalizadas. Por ejemplo, si un cliente ha estado buscando información sobre préstamos para automóviles en línea, el banco puede ofrecerles una tasa de interés preferencial en un préstamo para automóviles cuando se conecten con un representante de servicio al cliente.

Una visión 360 es esencial para que los bancos puedan ofrecer una experiencia de cliente excepcional en la era digital. Al comprender completamente las necesidades de los clientes y su relación con el banco en todos los puntos de contacto, los bancos pueden personalizar su oferta, mejorar la eficiencia operativa y fomentar la lealtad del cliente.

Adoptar un enfoque centrado en el cliente no solo es importante para mejorar la experiencia del cliente, sino también para mejorar la eficiencia operativa y la capacidad del banco para innovar y adaptarse a las necesidades cambiantes del mercado. La recopilación y análisis de datos de los clientes puede proporcionar información valiosa que los bancos pueden utilizar para ofrecer productos y servicios personalizados y mejorar la lealtad del cliente.

Adoptar tecnología innovadora

No voy a entrar muy en detalle, dado que lo hicimos en capítulos anteriores, pero lo haré a modo de recordatorio.

Para competir con fintech y mejorar su eficiencia operativa, los bancos tradicionales deben adoptar tecnología innovadora. Esto puede incluir la implementación de inteligencia artificial, blockchain y otras tecnologías emergentes.

La inteligencia artificial puede ser utilizada para mejorar la seguridad y la prevención de fraude, así como para personalizar la experiencia del cliente. La blockchain, por su parte, puede ayudar a los bancos a simplificar sus procesos y reducir los costos asociados con los intermediarios.

Los bancos pueden usar la inteligencia artificial para monitorear y detectar transacciones sospechosas en tiempo real, lo que ayuda a reducir los riesgos de seguridad cibernética. Además, la inteligencia artificial puede ayudar a personalizar la experiencia del cliente, lo que permite que los bancos se destaquen en un mercado cada vez más competitivo.

La blockchain, por su parte, puede ayudar a los bancos a simplificar sus procesos y reducir los costos asociados con los intermediarios. La tecnología de blockchain permite a los bancos realizar transacciones de manera segura y transparente sin la necesidad de intermediarios costosos, como los procesadores de pagos. Además, la blockchain puede ayudar a reducir el riesgo de fraude y errores al proporcionar un registro inmutable de las transacciones.

Otras tecnologías emergentes que los bancos pueden considerar incluyen la automatización de procesos robóticos, la biometría y la nube. La automatización de procesos robóticos puede ayudar a los bancos a reducir el tiempo y los costos asociados con los procesos manuales. La biometría puede ser utilizada para mejorar la autenticación del usuario, lo que ayuda a prevenir el fraude y la seguridad cibernética. La nube, por su parte, puede ayudar a los bancos a mejorar la eficiencia operativa y reducir los costos de infraestructura.

En definitiva, la adopción de tecnología innovadora es esencial para que los bancos tradicionales se mantengan competitivos en el mercado financiero. Al aprovechar estas tecnologías emergentes, los bancos pueden mejorar su seguridad cibernética, reducir costos y mejorar la experiencia del cliente.

Digitalizar los procesos internos

Para mejorar la eficiencia operativa, los bancos tradicionales deben digitalizar sus procesos internos. Esto puede incluir la implementación de herramientas de automatización de procesos robóticos (RPA, por sus siglas en inglés) para automatizar tareas manuales y repetitivas, y la implementación de soluciones de nube para mejorar la escalabilidad y la seguridad.

La digitalización de los procesos internos también puede ayudar a los bancos a recopilar y analizar datos más eficientemente, lo que puede ser utilizado para mejorar la toma de decisiones y ofrecer productos y servicios más personalizados.

La digitalización de los procesos internos en los bancos puede proporcionar muchos beneficios en términos de eficiencia y reducción de costos. Por ejemplo, la implementación de herramientas de RPA puede ayudar a los bancos a automatizar tareas manuales y repetitivas, como la revisión de documentos y la entrada de datos, lo que puede reducir los errores y acelerar los procesos.

Además, la implementación de soluciones en la nube puede mejorar la escalabilidad y la seguridad de los sistemas bancarios, lo que a su vez puede reducir los costos asociados con la gestión y el mantenimiento de servidores locales.

La digitalización de los procesos internos también puede ayudar a los bancos a recopilar y analizar datos de manera más eficiente. Al tener acceso a más información sobre los clientes y sus comportamientos, los bancos pueden mejorar la toma de decisiones y ofrecer productos y servicios más personalizados y adaptados a las necesidades individuales de cada cliente.

Por ejemplo, el banco estadounidense JPMorgan Chase ha

implementado con éxito herramientas de RPA para automatizar tareas manuales y repetitivas en su división de servicios hipotecarios, lo que ha reducido significativamente los errores y mejorado la eficiencia en los procesos.

Asimismo, el banco BBVA ha adoptado soluciones en la nube para mejorar la escalabilidad y la seguridad de sus sistemas, lo que ha permitido una mayor flexibilidad y reducción de costos en la gestión de sus operaciones bancarias.

Además de la automatización de procesos manuales y repetitivos, los bancos también pueden utilizar RPA para mejorar la experiencia del cliente y la eficiencia operativa en otras áreas. Algunos ejemplos incluyen:

Servicio al cliente: Los chatbots impulsados por RPA pueden brindar a los clientes respuestas instantáneas a preguntas frecuentes y reducir la carga de trabajo de los agentes de servicio al cliente. Esto permite que los agentes se centren en problemas más complejos y brinden un mejor servicio al cliente en general.

Aprobaciones de préstamos: Los bancos pueden utilizar RPA para automatizar el proceso de aprobación de préstamos, lo que puede reducir significativamente el tiempo que se tarda en procesar una solicitud de préstamo. Los bots pueden recopilar datos de varias fuentes, verificar la información y aprobar o rechazar la solicitud automáticamente.

Cumplimiento normativo: Los bancos deben cumplir con una serie de regulaciones y normativas, lo que puede ser un proceso costoso y que consume mucho tiempo. RPA puede ayudar a los bancos a automatizar ciertas tareas de cumplimiento, como la recopilación de datos de transacciones y la generación de informes de cumplimiento.

Cuentas por pagar: RPA también puede ayudar a los bancos a automatizar el proceso de cuentas por pagar. Los bots pueden procesar automáticamente las facturas entrantes, verificar los detalles de pago y enviar los pagos a los proveedores correspondientes. Esto reduce significativamente el tiempo que los empleados dedican a tareas manuales y mejora la eficiencia del proceso en general.

Podemos asegurar que la digitalización de los procesos internos es fundamental para mejorar la eficiencia y reducir los costos en los bancos tradicionales, permitiéndoles competir con las fintech y mejorar la experiencia del cliente.

Un gran resumen

Los bancos tradicionales deben adaptarse y competir con las fintech para mantenerse relevantes en la era digital. Esto implica adoptar un enfoque centrado en el cliente, adoptar tecnología innovadora, digitalizar los procesos internos y colaborar con fintech.

Para adoptar un enfoque centrado en el cliente, los bancos deben comprender las necesidades y deseos de sus clientes y diseñar productos y servicios que satisfagan esas necesidades. Esto puede lograrse a través de la recopilación de datos de clientes y el análisis de esos datos para obtener información valiosa sobre las preferencias y comportamientos de los clientes.

Además, los bancos deben adoptar tecnología innovadora para mejorar la experiencia del cliente y la eficiencia operativa. Esto puede incluir la implementación de tecnología de inteligencia artificial y aprendizaje automático para automatizar los procesos y brindar una mejor atención al cliente. También pueden considerar la implementación de chatbots y asistentes virtuales para mejorar la interacción con el cliente y brindar un servicio más rápido y eficiente.

La digitalización de los procesos internos es crucial para mejorar la eficiencia operativa de los bancos. Esto puede incluir la digitalización de procesos de solicitud de préstamos y cuentas bancarias, lo que reduce los costos y tiempos de procesamiento y mejora la experiencia del cliente. Además, los bancos pueden implementar tecnología de nube para reducir los costos de infraestructura y aumentar la escalabilidad.

Por último, la colaboración con fintech puede ser beneficiosa para los bancos tradicionales al proporcionar acceso a tecnología innovadora y experiencia en la industria. Al asociarse con fintech, los bancos pueden ofrecer productos y servicios más innovadores a sus clientes y mejorar la eficiencia operativa.

En general, la transformación digital no es una tarea fácil para los bancos tradicionales, pero es necesaria para mantenerse relevantes en la era digital y competir con fintech. Adoptar un enfoque centrado en el cliente, adoptar tecnología innovadora, digitalizar los procesos internos y colaborar con fintech son pasos cruciales que los bancos deben seguir para tener éxito en la transformación digital.

10 - LA EDUCACIÓN FINANCIERA EN LA ERA DIGITAL: ¿CÓMO PUEDEN LOS CONSUMIDORES SACAR EL MÁXIMO PROVECHO DE LAS NUEVAS TECNOLOGÍAS FINANCIERAS?

La educación financiera siempre ha sido un tema importante, pero en la era digital, se ha vuelto aún más crucial. Con el aumento de las tecnologías financieras, o fintech, los consumidores tienen a su disposición una gran cantidad de herramientas y servicios financieros en línea. Sin embargo, para aprovechar al máximo estas nuevas tecnologías, es importante que los consumidores estén bien informados y educados sobre cómo utilizarlas de manera efectiva.

Entonces, ¿cómo pueden los consumidores sacar el máximo provecho de las nuevas tecnologías financieras?

Aquí hay algunos consejos clave para ayudarlos a hacerlo:

Comprender los conceptos básicos de las finanzas

Antes de sumergirse en las nuevas tecnologías financieras, es importante que los consumidores tengan una comprensión sólida de los conceptos básicos de las finanzas. Esto incluye cosas como la gestión del presupuesto, la planificación para el futuro y la comprensión de los diferentes tipos de inversiones. Si los consumidores no tienen una comprensión sólida de estos conceptos, pueden ser más propensos a cometer errores financieros graves, incluso cuando utilizan herramientas en línea

Es crucial que los consumidores entiendan los conceptos básicos de las finanzas antes de aventurarse en el mundo de las nuevas tecnologías financieras. Algunas recomendaciones útiles para lograr esto incluyen leer libros de finanzas personales, asistir a cursos en línea o presenciales, y hablar con asesores financieros.

La gestión del presupuesto es fundamental en cualquier plan financiero, y es necesario tener una idea clara de los ingresos y gastos mensuales. Los consumidores pueden utilizar herramientas en línea como aplicaciones de presupuesto para ayudarles a rastrear sus gastos y controlar su dinero de manera más efectiva.

La planificación para el futuro también es esencial, y los consumidores deben tener en cuenta la importancia del ahorro y la inversión. Pueden usar calculadoras financieras en línea para determinar cuánto deben ahorrar para alcanzar sus objetivos financieros a largo plazo, como la compra de una casa o la jubilación.

Es importante que los consumidores comprendan los diferentes tipos de inversiones, desde cuentas de ahorro hasta acciones y bonos. Pueden utilizar aplicaciones de inversión en línea para investigar diferentes opciones y elegir la que mejor se adapte a sus necesidades y objetivos financieros.

Una vez que los consumidores hayan dominado estos conceptos básicos, pueden comenzar a explorar las nuevas tecnologías financieras con confianza. Pero es importante recordar que estas herramientas no son una solución mágica para los problemas financieros, y que es fundamental seguir manteniendo una buena gestión financiera personal en conjunto con la tecnología.

Investigar antes de elegir una plataforma

Hay una gran cantidad de plataformas y aplicaciones financieras en línea disponibles para los consumidores. Antes de elegir una plataforma, es importante que los consumidores hagan su investigación para asegurarse de que están seleccionando la mejor opción para sus necesidades. Deben buscar opiniones y recomendaciones de otros usuarios y revisar cuidadosamente los términos y condiciones de cualquier servicio antes de registrarse.

Existen varias herramientas y recursos que los consumidores pueden utilizar para investigar y comparar diferentes plataformas y aplicaciones financieras en línea. Algunas de estas herramientas incluyen:

Comparadores de servicios financieros en línea: Existen varias páginas web y aplicaciones que comparan y califican diferentes servicios financieros, como préstamos, tarjetas de crédito, cuentas bancarias, entre otros. Algunos ejemplos incluyen Comparabien, Kreditiweb, Credy, entre otros.

Foros y comunidades en línea: Los foros y comunidades en línea son una excelente fuente de información y recomendaciones de otros usuarios que han utilizado diferentes plataformas financieras. Algunos ejemplos incluyen Reddit, Quora y grupos de Facebook especializados en finanzas personales.

Opiniones y calificaciones en línea: Otra opción es buscar opiniones y calificaciones en línea de diferentes plataformas financieras. Esto se puede hacer a través de sitios web como Trustpilot, Yelp, y Google reviews.

Es importante que los consumidores revisen cuidadosamente

los términos y condiciones de cualquier servicio financiero antes de registrarse y que también consideren la reputación y la seguridad de la plataforma antes de tomar una decisión.

Y es mucho mas importante que los bancos acudan a las mismas herramientas para poder evaluar a sus clientes y necesidades. Los va a ayudar a entenderlos con mayor profundidad.

Además de buscar opiniones y recomendaciones de otros usuarios y revisar cuidadosamente los términos y condiciones de cualquier servicio antes de registrarse, existen algunas acciones adicionales que los consumidores pueden tomar para investigar antes de elegir una plataforma financiera en línea. Una de las mejores formas de investigar es buscar información en línea de fuentes confiables, como sitios web de noticias financieras, blogs de finanzas personales y revisiones de plataformas financieras. También es útil hablar con amigos y familiares que hayan utilizado plataformas financieras en línea y pedirles sus recomendaciones y experiencias.

Puedes utilizar este sitio Terms of Service; Didn't Read (https://tosdr.org/): un sitio web que proporciona resúmenes y puntuaciones de los términos de servicio de varios sitios web y servicios en línea.

Otra recomendación importante es leer cuidadosamente las políticas de privacidad y seguridad de la plataforma. Los consumidores deben asegurarse de que la plataforma que elijan tenga medidas de seguridad adecuadas en su lugar, como autenticación de dos factores y cifrado de datos. Además, es importante asegurarse de que la plataforma tenga políticas claras sobre cómo se utilizarán y protegerán los datos personales del usuario.

Puedes utilizar PrivacySpy (https://privacyspy.org/): un sitio web que ofrece una evaluación de la política de privacidad de diferentes sitios web y servicios en línea.

Investigar antes de elegir una plataforma financiera en línea es una parte crítica para aprovechar al máximo las nuevas tecnologías financieras. Los consumidores deben buscar información de fuentes confiables, hablar con amigos y familiares, leer cuidadosamente las políticas de privacidad y seguridad de la plataforma y asegurarse de que la plataforma elegida tenga medidas de seguridad adecuadas en su lugar. Siguiendo estas recomendaciones, los consumidores pueden tomar decisiones informadas y seleccionar la mejor opción para sus necesidades financieras.

Estar al tanto de la seguridad en línea

La seguridad en línea es un tema importante en cualquier ámbito en línea, pero es especialmente crítico cuando se trata de finanzas personales. Los consumidores deben asegurarse de que cualquier plataforma financiera en la que se registren tenga medidas de seguridad adecuadas en su lugar para proteger su información financiera. También deben estar al tanto de las estafas y fraudes en línea comunes y saber cómo detectarlos y evitarlos.

Es importante que los consumidores se aseguren de que la plataforma que están utilizando tenga medidas de seguridad adecuadas, como autenticación de dos factores y encriptación de datos. Además, deben estar atentos a las señales de advertencia de posibles fraudes, como correos electrónicos no solicitados que solicitan información personal o financieramente sensible.

Una sugerencia importante para mantener la seguridad en línea es utilizar contraseñas únicas y complejas para cada cuenta y cambiarlas regularmente. También es recomendable no compartir información personal o financiera a través de correos electrónicos o mensajes de texto no seguros y no hacer clic en enlaces sospechosos o descargar archivos adjuntos de fuentes no confiables.

Los consumidores deben tomar medidas activas para proteger su información financiera y estar atentos a las estafas en línea. Al hacerlo, pueden aprovechar las nuevas tecnologías financieras de manera segura y efectiva.

Utilizar herramientas de gestión financiera

Las nuevas tecnologías financieras ofrecen una variedad de herramientas de gestión financiera, desde aplicaciones de seguimiento de gastos hasta programas de presupuesto automatizados. Los consumidores pueden aprovechar al máximo estas herramientas para ayudarlos a administrar mejor sus finanzas y alcanzar sus metas financieras.

Al utilizar herramientas de gestión financiera, los consumidores pueden mantener un seguimiento de sus gastos, crear presupuestos y ahorrar dinero de manera más eficiente. Las aplicaciones de seguimiento de gastos, por ejemplo, permiten a los usuarios ingresar sus transacciones financieras y categorizarlas para comprender mejor en qué están gastando su dinero. Los programas de presupuesto automatizados pueden ayudar a los consumidores a establecer objetivos financieros y monitorear su progreso a medida que trabajan para alcanzarlos.

Es importante que los consumidores investiguen y elijan las herramientas de gestión financiera que mejor se adapten a sus necesidades. Deben asegurarse de que la herramienta sea fácil de usar, tenga una buena reputación y tenga medidas de seguridad adecuadas para proteger su información financiera.

Otra sugerencia es que los consumidores establezcan objetivos financieros claros antes de comenzar a utilizar estas herramientas. Esto les permitirá definir qué es importante para ellos y cómo pueden trabajar para alcanzar sus metas. También pueden considerar la posibilidad de compartir sus objetivos con amigos o familiares para mantenerse motivados y responsables.

Existen diversas aplicaciones de bancos de gestión financiera que se han vuelto muy populares en los últimos años. A continuación, mencionaré algunas de las más conocidas:

Mint[26]**:** Es una aplicación gratuita de seguimiento de gastos y presupuesto. Los usuarios pueden conectar sus cuentas bancarias, tarjetas de crédito y otros servicios financieros para tener una vista completa de sus finanzas. Mint también ofrece recomendaciones personalizadas y alertas para ayudar a los usuarios a ahorrar dinero y mantenerse en el buen camino.

Personal Capital[27]**:** Esta aplicación ofrece una vista completa de la situación financiera del usuario, incluyendo una vista detallada de sus inversiones. Personal Capital también ofrece una variedad de herramientas de planificación financiera, como calculadoras de jubilación y de ahorro para la universidad.

Acorns[28]**:** Esta aplicación permite a los usuarios invertir su cambio de repuesto. Por ejemplo, si compras un café por $2.75, Acorns redondeará la compra a $3.00 y invertirá los 25 centavos adicionales. Acorns también ofrece planes de inversión personalizados y herramientas de seguimiento de gastos.

Robinhood[29]**:** Esta es una plataforma de inversión en línea que permite a los usuarios comprar y vender acciones, ETFs, criptomonedas y otras inversiones sin comisiones. Robinhood también ofrece herramientas de seguimiento de cartera y noticias financieras en tiempo real.

Chime[30]**:** Es un banco en línea que ofrece una cuenta corriente sin cargos ni requisitos de saldo mínimo. Chime también ofrece herramientas de seguimiento de gastos y una función de ahorro automático.

Cada aplicación tiene sus propias características y beneficios, por lo que es importante que los usuarios investiguen y comparen antes de elegir la que mejor se adapte a sus necesidades financieras.

Al utilizar herramientas de gestión financiera, los consumidores pueden tener un mejor control de sus finanzas y trabajar hacia sus objetivos financieros. Al elegir las herramientas adecuadas y establecer objetivos claros, los consumidores pueden aprovechar al máximo las nuevas tecnologías financieras para mejorar su situación financiera.

Mantenerse actualizado

Finalmente, es importante que los consumidores se mantengan actualizados sobre las últimas tendencias y desarrollos en el mundo de las tecnologías financieras. Esto les ayudará a tomar decisiones informadas sobre qué herramientas y servicios utilizar y cómo aprovecharlos de manera efectiva. También pueden encontrar útil seguir a expertos financieros y tecnológicos en las redes sociales y en otros medios para obtener información actualizada sobre la industria.

Mantenerse actualizado es esencial en la era digital en constante evolución. Los consumidores deben estar al tanto de las últimas tendencias y desarrollos en el mundo de las tecnologías financieras. Pueden hacerlo a través de noticias financieras, blogs, podcasts y seguimiento de expertos financieros y tecnológicos en las redes sociales y otros medios. Además, es importante que los consumidores estén abiertos a aprender y mejorar continuamente sus habilidades financieras y tecnológicas, asistiendo a seminarios, cursos y talleres relacionados con finanzas y tecnología. Mantenerse actualizado también significa estar al tanto de los cambios en las políticas y regulaciones financieras, ya que pueden tener un impacto significativo en el uso de las tecnologías financieras.

Los consumidores pueden aprovechar al máximo las nuevas tecnologías financieras a través de la educación financiera, la investigación antes de elegir una plataforma, estar al tanto de la seguridad en línea, utilizar herramientas de gestión financiera y mantenerse actualizados. Al adoptar estas prácticas, los consumidores pueden mejorar su situación financiera y aprovechar al máximo las oportunidades que ofrecen las tecnologías financieras. A medida que la tecnología continúa avanzando y transformando la industria financiera, es importante que los consumidores se mantengan informados y preparados para aprovechar al máximo estas nuevas oportunidades.

Aquí te presento un plan para mantenerte actualizado en el mundo de las tecnologías financieras:

Identifica tus fuentes de información: Busca los expertos en finanzas y tecnología que confías y cuyas opiniones valoras. Puedes seguirlos en las redes sociales, blogs o inscribirte a sus boletines informativos.

Asiste a eventos: Si es posible, participa en eventos en persona o virtuales que se centren en tecnologías financieras y nuevas tendencias en la industria. Estos eventos pueden ser conferencias, webinars, seminarios y talleres.

Lee publicaciones especializadas: Mantén un ojo en las publicaciones especializadas en tecnologías financieras. Los medios financieros y tecnológicos suelen tener secciones dedicadas a este tema. También puedes buscar publicaciones especializadas en línea o en formato impreso.

Únete a grupos de discusión: Únete a grupos de discusión en línea y foros en los que se discutan tecnologías financieras. Estos grupos pueden ser de Facebook, LinkedIn, Reddit, entre otros.

Prueba nuevas herramientas financieras: Aprovecha cualquier oportunidad para probar nuevas herramientas financieras que puedan ayudarte a manejar mejor tus finanzas. Muchas de estas herramientas tienen versiones gratuitas o pruebas gratuitas que puedes aprovechar.

Algunos lugares recomendados para mantenerte actualizado sobre tecnologías financieras son:

TechCrunch[31]: Publicación de noticias y análisis de tecnología y finanzas.

Wired[32]: Revista que cubre temas de tecnología, cultura y negocios.

The Financial Times[33]: Periódico que se centra en noticias financieras y económicas.

Forbes[34]: Revista de negocios y finanzas que cubre una amplia gama de temas.

Bloomberg[35]: Empresa de noticias y servicios financieros que se centra en noticias financieras y económicas en tiempo real.

IT Sitio[36]: Para mi un excelente fuente de información, reconocida en toda la región

Espero que este plan y estas recomendaciones te ayuden a mantenerte actualizado sobre tecnologías financieras y a tomar decisiones informadas sobre cómo administrar mejor tus finanzas.

Sugerencias de planes de educación financiera

Aquí te proporciono algunas sugerencias de planes de educación financiera que los bancos pueden ofrecer a sus clientes:

Plan de educación financiera para jóvenes: Este plan se enfoca en enseñar a los jóvenes las bases de las finanzas personales y cómo administrar su dinero de manera efectiva. Se pueden ofrecer talleres en línea o presenciales para jóvenes estudiantes y primeros trabajadores, y proporcionar recursos como guías prácticas para la gestión del dinero, planes de ahorro y crédito responsable, y asesoramiento sobre cómo crear y mantener un buen historial crediticio.

Plan de educación financiera para familias de bajos ingresos: Este plan se enfoca en ayudar a las familias de bajos ingresos a mejorar su situación financiera y avanzar hacia la estabilidad económica. Los talleres y recursos pueden incluir educación sobre presupuestos, ahorros, cómo reducir los gastos innecesarios y cómo acceder a servicios financieros que se ajusten a sus necesidades.

Plan de educación financiera para emprendedores: Este plan se enfoca en ayudar a los emprendedores a comprender las finanzas empresariales, cómo administrar el flujo de caja y cómo financiar sus operaciones comerciales de manera responsable. Se pueden ofrecer talleres en línea o presenciales, así como asesoramiento financiero personalizado para aquellos que buscan iniciar o hacer crecer un negocio.

Plan de educación financiera para personas mayores: Este plan se enfoca en ayudar a las personas mayores a administrar sus finanzas y planificar su futuro financiero. Los talleres y recursos pueden incluir educación sobre cómo maximizar las inversiones, proteger su patrimonio, planificar su jubilación y cómo evitar estafas y fraudes financieros.

En general, los bancos pueden ofrecer programas de educación financiera que se adapten a las necesidades específicas de sus clientes en términos de edad, ingresos y objetivos financieros. Estos programas pueden ser ofrecidos a través de talleres presenciales o en línea, seminarios web, recursos en línea y asesoramiento financiero personalizado. También pueden ofrecer herramientas en línea que ayuden a los clientes a realizar un seguimiento de sus finanzas y les proporcionen consejos y recomendaciones personalizadas.

Hemos llegado al final del capítulo y quiero resumirlo: la educación financiera es esencial en la era digital para ayudar a los consumidores a sacar el máximo provecho de las nuevas tecnologías financieras. Al comprender los conceptos básicos de las finanzas, investigar antes de elegir una plataforma, estar al tanto de la seguridad en línea, utilizar herramientas de gestión financiera y mantenerse actualizados, los consumidores pueden aprovechar al máximo las nuevas tecnologías financieras y mejorar su situación financiera a largo plazo.

Además, también es importante que los consumidores sepan cómo leer y entender los términos y condiciones de los productos y servicios financieros en línea, así como comprender los riesgos y beneficios asociados con ellos. Esto puede ser especialmente importante cuando se trata de criptomonedas y otros activos digitales, que son relativamente nuevos en el mundo financiero y pueden ser complicados de entender para los consumidores promedio.

Para ayudar a los consumidores a comprender mejor estos conceptos, se pueden ofrecer recursos educativos en línea, como guías y tutoriales, que expliquen los diferentes términos y conceptos financieros. Las plataformas financieras también pueden proporcionar herramientas educativas incorporadas en sus interfaces para ayudar a los usuarios a comprender mejor los productos y servicios que están utilizando.

En última instancia, la educación financiera debe ser vista como una inversión en el futuro financiero de los consumidores, y no como un gasto. Los consumidores que tienen una comprensión sólida de los conceptos básicos de las finanzas y están bien informados sobre las nuevas tecnologías financieras estarán mejor equipados para tomar decisiones financieras informadas y tomar el control de su futuro financiero.

Sin dudas, para sacar el máximo provecho de las nuevas tecnologías financieras en la era digital, los consumidores deben tener una sólida comprensión de los conceptos financieros básicos, investigar antes de elegir una plataforma, estar al tanto de la seguridad en línea, utilizar herramientas de gestión financiera y mantenerse actualizados. Además, es importante que los consumidores sepan cómo leer y entender los términos y condiciones de los productos y servicios financieros en línea, y que las empresas financieras proporcionen recursos educativos para ayudar a los usuarios a comprender mejor los conceptos financieros y tecnológicos. Con estas medidas en su lugar, los consumidores pueden aprovechar al máximo las nuevas tecnologías financieras y mejorar su situación financiera a largo plazo.

11 - LA RESPONSABILIDAD SOCIAL EN LA BANCA DEL FUTURO

Bienvenidos a todos a este emocionante capítulo sobre la responsabilidad social en la banca del futuro! Como consultor en la industria financiera y tecnología, compartiré con ustedes algunas ideas sobre la importancia de la responsabilidad social en el futuro de la banca.

La responsabilidad social es la obligación que tienen las empresas de contribuir al bienestar social, económico y ambiental de la comunidad en la que operan. En el pasado, las empresas se centraban únicamente en maximizar sus beneficios, pero hoy en día, los consumidores, los reguladores y los inversores están exigiendo cada vez más que las empresas tengan en cuenta su impacto social y ambiental.

En el sector bancario, la responsabilidad social es especialmente importante, ya que los bancos tienen un impacto significativo en la economía y la sociedad. Los bancos proporcionan acceso a los servicios financieros, como préstamos y cuentas bancarias, que son esenciales para el desarrollo económico y la inclusión financiera. Pero también tienen la responsabilidad de asegurarse de que estos servicios sean justos, transparentes y accesibles para todos.

En la banca del futuro, la responsabilidad social se convertirá en una prioridad aún mayor. Las nuevas tecnologías, como la inteligencia artificial y la blockchain, están cambiando la forma en que los bancos operan y ofrecen servicios a sus clientes. Pero también presentan nuevos desafíos en términos de privacidad, seguridad y ética.

Es esencial que los bancos del futuro se centren en la responsabilidad social para garantizar que las nuevas tecnologías se utilicen de manera ética y responsable. Esto implica la adopción de políticas y prácticas que promuevan la igualdad, la diversidad y la inclusión, así como la sostenibilidad ambiental y social.

Además, los bancos del futuro deberán ser transparentes y

responsables en la forma en que gestionan los datos de sus clientes y la forma en que utilizan la inteligencia artificial para tomar decisiones. Los consumidores deben tener el control de sus datos y saber cómo se utilizan para evitar cualquier posible abuso.

Otro aspecto clave de la responsabilidad social en la banca del futuro es la lucha contra el blanqueo de dinero y la financiación del terrorismo. Los bancos tienen la responsabilidad de asegurarse de que no se utilicen sus servicios para actividades ilegales y deben implementar medidas rigurosas para detectar y prevenir estos delitos.

Para lograr una mayor responsabilidad social en la banca del futuro, es necesario que los bancos adopten prácticas que promuevan la igualdad, la diversidad y la inclusión. Esto incluye la diversidad de género, raza, orientación sexual y habilidades, así como la inclusión de personas de bajos ingresos y comunidades desatendidas. Los bancos deben establecer políticas que aseguren que estos grupos tengan igual acceso a servicios financieros, y que se eliminen los prejuicios y la discriminación en la toma de decisiones.

Otro aspecto importante es la sostenibilidad ambiental y social. Los bancos del futuro deben adoptar prácticas responsables en la gestión de sus operaciones y en la financiación de proyectos. Deben considerar el impacto ambiental y social de sus actividades y asegurarse de que no dañen el medio ambiente o la sociedad. Los bancos pueden implementar programas de préstamos verdes para proyectos sostenibles y también deben ser responsables en la forma en que invierten los fondos de sus clientes.

La transparencia y la responsabilidad en la gestión de los datos de los clientes también son aspectos cruciales de la responsabilidad social en la banca del futuro. Los bancos deben ser claros sobre cómo manejan los datos de sus clientes y garantizar la seguridad de la información personal. Además, los bancos deben ser éticos en el uso de la inteligencia artificial y asegurarse de que los algoritmos utilizados para tomar decisiones sean justos y no discriminatorios.

Para fomentar la responsabilidad social en la banca del futuro, es importante que los bancos establezcan una cultura ética en toda la organización. Los líderes deben establecer un ejemplo de comportamiento ético y responsable, y promover una cultura de transparencia y rendición de cuentas. Los empleados deben recibir una formación adecuada sobre la responsabilidad social y se les debe incentivar para que adopten prácticas responsables en su trabajo diario.

Plan de Acción: Implementación de la Responsabilidad Social en la Banca del Futuro

Identificar y definir los objetivos de responsabilidad social: El primer paso es identificar los objetivos de responsabilidad social que son importantes para su banco y definirlos claramente. Por ejemplo, los objetivos pueden incluir la inclusión financiera, la igualdad y la diversidad, la sostenibilidad ambiental y social y la lucha contra el blanqueo de dinero y la financiación del terrorismo.

Establecer políticas y prácticas de responsabilidad social: Con base en los objetivos definidos en el paso anterior, se deben establecer políticas y prácticas de responsabilidad social en el banco. Esto incluirá la creación de un código de conducta ético y transparente, políticas de inclusión y diversidad, políticas de sostenibilidad y políticas para combatir el blanqueo de dinero y la financiación del terrorismo.

Capacitar al personal en la responsabilidad social: Es importante capacitar a todo el personal del banco, desde el personal administrativo hasta los altos directivos, en la importancia de la responsabilidad social y en cómo implementar las políticas y prácticas establecidas. La capacitación puede incluir talleres, capacitaciones en línea y presentaciones.

Integrar la responsabilidad social en la estrategia empresarial: La responsabilidad social debe integrarse en la estrategia empresarial del banco. Esto incluirá la revisión y actualización de los planes estratégicos existentes para incluir los objetivos de responsabilidad social y la evaluación regular de la implementación de estas políticas y prácticas.

Fomentar la colaboración y el compromiso con los grupos de interés: Los bancos deben trabajar en colaboración con los grupos de interés, incluyendo los clientes, los reguladores, los inversores y las comunidades locales, para abordar los desafíos sociales y ambientales. Se pueden establecer grupos de trabajo conjuntos y foros de discusión para fomentar el diálogo y la colaboración.

Medir y comunicar los impactos de la responsabilidad social: Es importante medir y comunicar los impactos de la responsabilidad social en el banco y en la comunidad. Se pueden establecer indicadores clave de desempeño y metas para medir el progreso en la implementación de políticas y prácticas de responsabilidad social. Además, se deben comunicar los resultados a los grupos de interés para fomentar la transparencia y la responsabilidad.

Evaluar y actualizar regularmente las políticas y prácticas de responsabilidad social: Las políticas y prácticas de responsabilidad social deben evaluarse y actualizarse regularmente para asegurarse de que sigan siendo relevantes y efectivas. Esto incluirá la evaluación de los impactos, la identificación de áreas de mejora y la actualización de las políticas y prácticas para abordar los nuevos desafíos y oportunidades.

La implementación de la responsabilidad social en la banca del futuro requerirá un compromiso serio y sostenido del banco, la integración de la responsabilidad social en la estrategia empresarial y la colaboración con los grupos de interés para abordar los desafíos sociales y ambientales. Con una implementación adecuada, la responsabilidad social puede ser una fuente de ventaja competitiva y reputación positiva para los bancos del futuro.

Entonces, ¿cómo pueden los bancos implementar efectivamente la responsabilidad social en sus operaciones y estrategias comerciales?

Establecer una cultura de responsabilidad social: La responsabilidad social debe ser parte integral de la cultura de la organización y no simplemente una estrategia aislada. Es importante que los líderes de la organización establezcan y comuniquen valores éticos y sociales que sean coherentes con la misión y visión de la empresa. También se deben involucrar a los empleados de la organización y fomentar su participación en actividades sociales y ambientales.

Incorporar la responsabilidad social en las estrategias comerciales: La responsabilidad social debe ser incorporada en las estrategias comerciales de la organización. Los bancos pueden desarrollar productos y servicios que promuevan la inclusión financiera, la igualdad y la sostenibilidad ambiental. También se pueden establecer políticas y prácticas que promuevan la diversidad y la inclusión en el lugar de trabajo y en la oferta de servicios.

Gestionar los riesgos sociales y ambientales: Los bancos deben gestionar adecuadamente los riesgos sociales y ambientales asociados con sus operaciones. Esto implica evaluar y mitigar los impactos ambientales y sociales de los proyectos financiados, así como identificar y gestionar los riesgos asociados con la privacidad y seguridad de los datos de los clientes.

Promover la transparencia y el diálogo: Los bancos deben ser transparentes en sus prácticas y políticas, y mantener un diálogo abierto y transparente con sus clientes y otras partes interesadas. Esto implica informar claramente sobre cómo se gestionan los datos de los clientes y cómo se utilizan los recursos financieros.

Desarrollar alianzas con la comunidad y otras partes interesadas: Los bancos pueden desarrollar alianzas con la comunidad y otras partes interesadas para abordar problemas sociales y ambientales. Por ejemplo, pueden trabajar con organizaciones sin fines de lucro para proporcionar servicios financieros a personas de bajos ingresos o financiar proyectos de energía renovable para reducir las emisiones de carbono.

La responsabilidad social es cada vez más importante para los bancos del futuro y debe ser una parte integral de sus operaciones y estrategias comerciales. Al establecer una cultura de responsabilidad social, incorporar la responsabilidad social en las estrategias comerciales, gestionar los riesgos sociales y ambientales, promover la transparencia y el diálogo, y desarrollar alianzas con la comunidad y otras partes interesadas, los bancos pueden implementar efectivamente la responsabilidad social y obtener una ventaja competitiva y reputación positiva en el mercado.

EPILOGO

¡Y ahí lo tienen, amigos! Espero que hayan disfrutado este recorrido por el futuro de la banca y la responsabilidad social. En este libro, hemos explorado cómo la tecnología y la innovación están transformando la industria bancaria y cómo los bancos del futuro pueden prepararse para un mundo en constante evolución.

En particular, hemos enfatizado la importancia de la responsabilidad social en la banca del futuro. La responsabilidad social no solo es una obligación ética, sino que también puede ser una fuente de ventaja competitiva y reputación positiva. Los bancos que adoptan prácticas responsables y sostenibles están mejor posicionados para ganar la confianza y lealtad de sus clientes y empleados.

Para lograr una banca del futuro responsable y sostenible, los bancos deben estar dispuestos a abrazar el cambio y la innovación. Deben adoptar nuevas tecnologías como la inteligencia artificial y la blockchain para mejorar la eficiencia y la calidad de los servicios. Pero al mismo tiempo, deben ser conscientes de los riesgos asociados con estas tecnologías y tomar medidas para mitigarlos.

Además, los bancos deben tener en cuenta la importancia de la inclusión financiera y la igualdad en sus prácticas. Deben garantizar que todos tengan acceso a los servicios financieros y que no haya discriminación. También deben asegurarse de que sus prácticas sean sostenibles y no dañen el medio ambiente o la sociedad.

La banca del futuro será emocionante y desafiante, pero también requiere responsabilidad y compromiso. Como consumidores y ciudadanos, debemos exigir que los bancos actúen de manera responsable y sostenible, y debemos apoyar a aquellos que lo hacen. Juntos, podemos construir una banca del futuro que sea ética, inclusiva y sostenible para todos. ¡Gracias por acompañarnos en este viaje!

Diego San Esteban

ABOUT THE AUTHOR

Diego San Esteban

© Diego San Esteban Es un experto consultor con más de 30 años de experiencia en la industria financiera y tecnológica. Ha trabajado como colaborador en la innovación tecnológica junto a ministerios de desarrollo e innovación en más de cuatro países, donde ha liderado importantes proyectos de transformación digital en la industria financiera. Diego San Esteban es también un destacado escritor y columnista en diarios especializados, donde comparte su visión y experiencia en el sector financiero y tecnológico. Ha publicado varios libros sobre temas financieros y tecnológicos y ha contribuido a la innovación tecnológica en el sector financiero en América Latina. Además de su experiencia como consultor y escritor, Diego San Esteban ha colaborado con bancos centrales en definiciones troncales de la industria, lo que lo convierte en una figura clave en la industria financiera y tecnológica. Es presidente de Latam Open Finance y colaborador de una importante asociación de banqueros y profesionales financieros en Argentina. Su amplia experiencia y su pasión por la innovación tecnológica en el sector financiero, su liderazgo en la industria, su amplia experiencia en consultoría y su compromiso con la innovación tecnológica lo convierten en una figura influyente y respetada en América Latina y más allá. Diego San Esteban - Humanizing Banking www.humanizingbanking.com

REFERENCIAS

1ChatGPT es un modelo de lenguaje basado en la arquitectura GPT-3.5, desarrollado por OpenAI. Los derechos de autor de esta tecnología son propiedad de OpenAI y se utilizan aquí con permiso.

2 SWIFT es una marca registrada de la Sociedad para las Telecomunicaciones Financieras Interbancarias Mundiales (Society for Worldwide Interbank Financial Telecommunication)

3 Bolsa de Tokio® es una marca registrada de Japan Exchange Group, Inc.

4 IBM® es una marca registrada de International Business Machines Corporation.

5 Santander® es una marca registrada de Banco Santander, S.A.

6JPMorgan Chase® es una marca registrada de JPMorgan Chase & Co.

7 Mastercard® es una marca registrada de Mastercard International Incorporated

8 Ripple® es una marca registrada de Ripple Labs Inc.

9 BBVA® es una marca registrada de Banco Bilbao Vizcaya Argentaria, S.A

10 Bank of America y Erica son marcas registradas de Bank of America Corporation

11 JPMorgan Chase y Finn by Chase son marcas registradas de JPMorgan Chase & Co

12 Capital One y Capital One Cafés son marcas registradas de Capital One Financial Corporation

13 Nubank: es una marca registrada de Nu Pagamentos S.A., una

empresa brasileña de servicios financieros.
14 Monzo: es una marca registrada de Monzo Bank Limited, una empresa británica de servicios financieros.
15 Chime: es una marca registrada de Chime Financial, Inc., una empresa estadounidense de servicios financieros.
16 PayPal es una marca registrada de PayPal, Inc.
17 Venmo es una marca registrada de Venmo, LLC, una subsidiaria de PayPal, Inc.
18 Google Pay es una marca registrada de Google LLC.
19 Apple Pay es una marca registrada de Apple Inc
20 WeChat y WeChat Pay son desarrollos y marca registrada dedesarrollada por la compañía china Tencent
21 Zelle es una marca registrada de Early Warning Services, LLC.
22 Bunq es una marca registrada de Bunq BV, una empresa con sede en los Países Bajos
23 Marca registrada de JP Morgan Chase
24 Marca registrada de JP Morgan Chase
25 Betterment es una fintech fundada en el año 2008 por Jon Stein en Nueva York
26 Mint es una aplicación de gestión financiera en línea y una empresa propiedad de Intuit Inc
27 Personal Capital es una empresa de gestión de patrimonio digital fundada en 2009. En 2020, la empresa fue adquirida por Empower Retirement, una compañía de servicios financieros y de pensiones.
28 Acorns es una empresa estadounidense de servicios financieros fundada en 2012 por Jeff Cruttenden y su padre Walter Cruttenden. Los números y valores son a abril 2023
29 Robinhood es una empresa estadounidense de corretaje de valores sin comisiones, fundada en 2013 por Vlad Tenev y Baiju Bhatt.
30 Chime es una empresa fintech estadounidense que ofrece servicios financieros en línea y una cuenta bancaria sin comisiones. Fue fundada en 2013 por Chris Britt y Ryan King y su sede se encuentra en San Francisco, California
31 TechCrunch es propiedad de Verizon Media

32 Wired es propiedad de Condé Nast
33 The Financial Times es propiedad del Grupo Nikkei
34 Forbes es propiedad de Integrated Whale Media Investments
35 Bloomberg es propiedad de Bloomberg LP, una empresa fundada por el exalcalde de Nueva York Michael Bloomberg

www.ingramcontent.com/pod-product-compliance
Lightning Source LLC
LaVergne TN
LVHW010105170826
845678LV00012B/2249

* 9 7 8 9 8 7 8 8 9 1 7 4 3 *